rororo

ÜBER DIE AUTOREN

Jean Pütz ist gelernter Nachrichten-Ingenieur und studierter Volkswirt. Er war Lehrer für Mathematik und Physik, bevor er den Journalismus für sich entdeckte. Als Redakteur, Autor und Produzent ging er 1970 zum WDR. Dort entwickelte er die Sendereihe, die ihn berühmt machen sollte und mit 250 Folgen zum TV-Klassiker wurde: die Hobbythek.
Heute ist Jean Pütz eine der wichtigsten Instanzen im deutschsprachigen Raum in allen Fragen zu Gesundheit und Ernährung.

Ellen Norten war sechs Jahre Komoderatorin der Sendung „Hobbythek" im WDR-Fernsehen. Sie arbeitet seit 1989 als Journalistin, zunächst für den Hörfunk (HR, BR und SFB), später dann für das Fernsehen. Neben der Erstellung von Berichten und Features werden von ihr Informationssendungen und Diskussionsrunden moderiert. Seit September 2001 arbeitet sie als Redakteurin in der Wissenschaftsredaktion des Bayerischen Rundfunks in München.

Kordula Werner ist Diplom-Ökotrophologin und war jahrelanges Mitglied der Hobbythekredaktion. Heute arbeitet sie als freie Autorin und hat zahlreiche Bücher zum Thema Kochen und Ernährung veröffentlicht. In letzter Zeit widmet sich die zweifache Mutter schwerpunktmäßig der gesunden Ernährung von Babys und (Klein-)Kindern.

Jean Pütz • Ellen Norten • Kordula Werner

Essig & Öl

Von Apfelessig bis Zimtöl

Rowohlt Taschenbuch Verlag

Die Vorschläge und Rezepte in diesem Buch sind von Autoren und Verlag nach bestem Wissen und Gewissen sorgfältig erwogen und geprüft. Autoren und Verlag übernehmen keine Haftung für etwaige Personen-, Sach- und Vermögensschäden, die sich aus dem Gebrauch oder Mißbrauch der in diesem Buch dargestellten Informationen und Rezepte ergeben.

BILDQUELLEN

S. 11, 14: Verband der deutschen Essigindustrie e. V.
S. 17, 25, 68: Karl Kühne KG, Hamburg
S. 18, 19 rechts: Ellen Norten, Bonn
S. 20: Heinrich Frings GmbH & Co. KG, Bonn
S. 23: Weinessiggut Doktorenhof, Venningen
S. 48: Hengstenberg GmbH & Co., Esslingen
S. 56, 57: Informationsgemeinschaft Olivenöl, München
S. 19 links, 42, 45, 65: Designbureau Jochen Kremer / Gabi Mahler, Köln
S. 40, 41: Atelier Kremin, Köln
Alle übrigen Fotos: Cornelis Gollhardt, Köln / Stephan Wieland, Düsseldorf

Veröffentlicht im Rowohlt Taschenbuch Verlag,
Reinbek bei Hamburg, Mai 2004
Lizenzausgabe mit freundlicher Genehmigung der
Egmont vgs verlagsgesellschaft, Köln
Titel der Originalausgabe: Essig & Öl. Von Apfelessig bis Zimtöl

Umschlaggestaltung any.way, Martina Kloke (Foto: zefa / H. Reinhard)
Gesamtherstellung Universitätsdruckerei H. Stürtz AG, Würzburg
Printed in Germany
ISBN 3 499 61916 4

Inhalt

Liebe Leserinnen und Leser,

mehr als 20 Jahre ist es her, daß die Hobbythek ein damals revolutionäres Thema im Fernsehen aufgriff: „Weine zum Selbermachen". Kurz danach folgte das Thema „Bier selbstgemacht", und auch den Schnäpsen und Likören widmeten wir eine ganze Sendung. Kurzum: Gelegentlich ging es bei uns also recht „geistreich" zu. Nach dem Motto „Ein Gläschen in Ehren, kann niemand verwehren" haben wir diese Themen unseren Zuschauern erschlossen. Aber Spaß beiseite: Es war nicht der Lustfaktor Alkohol, der uns seinerzeit dazu trieb, sondern das Umfeld, d. h. der wissenschaftliche und gesundheitsrelevante Background. Wie immer ritten wir ein trojanisches Steckenpferd, um Ihnen interessante Informationen schmackhaft zu machen.
Es gibt viele Alkoholarten, darunter extrem giftige wie den Methylalkohol, und relativ harmlose wie Alkohol in fester Form, zum Beispiel den häufig in Kosmetika als Konsistenzgeber eingesetzten Cetylalkohol. Auch Glycerin gehört zu den Alkoholen ebenso wie Propylalkohol und Isopropylalkohol, der häufig in Haarpflegemitteln verwendet wird. Die eigentliche Substanz, die im Volksmund Alkohol heißt, ist der Weingeist, wissenschaftlich Ethylalkohol oder Ethanol genannt. Daß auch dieser giftig ist, hat jeder schon einmal am eigenen Leib erfahren, der einen Kater durchleiden mußte. Aber trotz allem: Auch bei dieser Droge kommt es, wie Paracelsus schon sagte, auf die Dosis an.
Alkohol ist im Grunde nur ein Zwischenprodukt im Energiekreislauf der belebten Natur. Gleiches gilt für das Öl, und interessanterweise sind diese beiden auch die energiereichsten Substanzen, die die Natur produziert: Alkohol liefert immerhin 700 Kilokalorien pro 100 Gramm und Pflanzenöl sogar 900 Kilokalorien.
Alkohol ist keineswegs eine körperfremde Substanz. Auch derjenige, der keinen Alkohol von außen zu sich genommen hat, trägt in der Regel 0,025 bis 0,06 Promille im Blut. Das liegt daran, daß viele Stoffwechselprozesse in unserem Körper mit Alkoholbildung und -abbau verbunden sind. Dieser „normale" Promillegehalt wird in unserem Kulturkreis jedoch oft durch den Genuß von Wein, Bier oder Schnaps erhöht – zum Teil mit bösen Folgen. Bei 0,5 Promille im Blut, d. h. bei 0,5 Gramm Alkohol pro Liter Blut, kommt es schon zu ersten körperlichen und geistigen Ausfällen. Bei ein bis zwei Promille treten erhebliche Störungen auf, verbunden mit Gleichgewichtsproblemen und psychischen Veränderungen. Diese sind ab drei Promille mit schweren Erschöpfungszuständen verbunden. Steigt der Promillegehalt auf sieben bis acht, ist dies in der Regel tödlich. Zudem hat Alkohol – wie viele andere Drogen auch – die Eigenschaft, auf Dauer süchtig zu machen. Alkohol baut sich im Körper relativ langsam ab, pro Stunde um 0,1 bis 0,15 Promille. Dabei wird er weitgehend zu Essig umgesetzt.
Diese Tatsache hat uns damals dazu veranlaßt, der „Abbaustufe" ebenfalls ein-

mal eine Sendung zu widmen, nach dem Motto „Sauer macht lustig" bzw. „Warum Alkohol trinken, wenn der Körper ihn in Essig umsetzt". Man könnte es doch auch mal mit Essig pur versuchen. Die Natur scheint der Geschmacksqualität „sauer" neben „süß", „salzig" und „bitter" zudem eine relativ hohe Bedeutung beizumessen, denn warum sonst hätte sie uns spezielle Sinneszellen mitgegeben, die ausschließlich die sauren Geschmacksnuancen empfinden. Diese befinden sich in großer Zahl auf der Zunge. Weil das so ist, sollte man sich durchaus bei der Auswahl seines Essigs einige Mühe machen und dabei auch nicht den gesundheitlichen Aspekt aus den Augen lassen. Dieses Buch soll Ihnen dabei helfen.
Vor etwa 15 Jahren, als wir die ersten Sendungen über Essig realisierten, gab es allerdings erhebliche Probleme, denn wie Sie im Laufe des Buchs noch erfahren werden, braucht man, um Essig herzustellen, ganz besondere Bakterien. Ähnlich wie bei Joghurt und Käse, doch hier haben wir dafür gesorgt, daß Sie diese Bakterien, und zwar die probiotischen mit Namen LaBiDa (siehe auch Hobbythekbuch „Joghurt, Quark und Käse", 1998 erschienen), mittlerweile in vielen Läden in Deutschland kaufen können. Seinerzeit versuchten wir es ebenso mit den Essigbakterien, doch dies scheiterte, weil es die vielen Läden noch nicht gab, die bereit sind, die Hobbythek-Rohstoffe zu führen. Heutzutage ist das kein Problem mehr – schauen Sie nur mal in unser Bezugsquellenverzeichnis am Ende des Buches.
Kommen wir aber noch einmal auf das Öl zu sprechen. Es stimmt, daß es hochkalorienhaltig ist, und deshalb ist es in der modernen Ernährung etwas in Verruf geraten. Zu Unrecht, denn bestimmte Fette bzw. Öle sind für unseren Körper lebensnotwendig, um die vielen Botenstoffe, die der Körper braucht, zum Beispiel Hormone, bilden zu können. Wir wollen mit diesem Buch die Chance nutzen, erhebliche Vorurteile diesbezüglich abzubauen.
Ein solches Buch hat natürlich viele Mütter bzw. Väter, und deshalb möchte ich mich zunächst einmal bei den beiden Co-Autorinnen Kordula Werner, Ökotrophologin, und Dr. Ellen Norten, Biologin, bedanken. Sie haben mit außerordentlicher Sorgfalt die Inhalte recherchiert und die vielen Rezepte, die wir Ihnen bieten, zusammengestellt. Unterstützt wurden Sie dabei von der Ökotrophologin Kerstin Isenlar. Dank gebührt auch unserem Ernährungsexperten und Diplomchemiker Dieter Teske ebenso wie Jörg Tomczak, ein Sportwissenschaftler, der nützliche Informationen zum Kapitel über das Öl lieferte. Und etliche besonders raffinierte Rezepte hat uns unsere Mitarbeiterin und Ernährungsspezialistin Christina Bittner ausgetüftelt. Sie ist nicht nur eine Spitzenköchin, sondern auch Diplomökotrophologin, das bedeutet, daß sie immer auch den gesundheitlichen Aspekt im Auge hatte.

Nun wünsche ich Ihnen viel Spaß beim Lesen unseres Buches, vor allen Dingen aber auch beim Ansetzen der verschiedenen Essige und Öle und natürlich beim Genießen der leckeren Rezepte.

Ihr

Essig und Öl – ein ideales Paar

Eigentlich haben die beiden keinen guten Ruf. Wenn etwas wie Essig schmeckt, dann ist das schwere Kritik, und ein öliger Geschmack wird von vielen Menschen ebenfalls nicht gerade als Lob für eine Speise verstanden. Doch in letzter Zeit erkennt man immer mehr den gesundheitlichen Wert des Paares – und entdeckt den delikaten und feinen Geschmack von Essig und Öl. So ist Balsamicoessig in aller Munde. Ein Salat mit diesem Edelessig aus dem italienischen Modena gilt als wahre Delikatesse, vorausgesetzt auch das „richtige" Öl ist mit von der Partie. Hier liegt zur Zeit das Olivenöl sehr im Trend. Dieses leicht streng schmeckende Öl verleiht den Speisen nicht nur eine eigene wohlschmeckende Note, sondern ist auch für die Gesundheit äußerst förderlich. Viele Menschen legen heute be-

Abb. 1: Balsamicoessig und Olivenöl – ein edles Paar.

reits großen Wert auf hochwertiges Öl und guten Essig zu den entsprechenden Speisen. Doch die Auswahl ist groß und die Entscheidung oft gar nicht leicht, denn nicht jeder Essig und vor allem nicht jedes Öl eignen sich für alle Speisen oder Anwendungen. So dürfen viele der besonders gesunden Öle, die reich an ungesättigten Fettsäuren sind, auf keinen Fall zum Braten verwendet werden, weil dabei durch unkontrollierte Oxidation gesundheitsschädliche Verbindungen entstehen können (siehe *Seite 50f.*).
Andere, wie etwa das Leinöl, werden sehr schnell ranzig und damit ungenießbar. Früher wurde in Schlesien viel Flachs oder Lein für die Leinenherstellung angebaut. Dafür wurden ausschließlich die Flachsfasern benutzt, übrig blieben unter anderem die Leinsamen. Die Menschen dort begannen nun, aus diesen Samen das Leinöl auszupressen. Schon bald war es aus der schlesischen Küche nicht mehr wegzudenken. Heute halten nur mehr die Sorben, eine kleine Volksgruppe in Ostdeutschland, die Leinöltradition aufrecht, sonst ist es weitgehend aus der deutschen Küche verschwunden. Doch es wird gerade wiederentdeckt und gilt unter Ernährungswissenschaftlern fast als Geheimtip, denn seine Fettsäurenzusammensetzung ist für unseren Organismus geradezu ideal.

Jedes Öl hat seine besonderen Eigenschaften, die gezielt genutzt werden können. Ähnlich ist es beim Essig. Wer sich einmal auf das Abenteuer, damit zu experimentieren, einläßt, der wird erstaunt sein, welche ungewöhnlichen Aromen sowohl im Essig als auch im Öl stecken können und welch köstliche Geschmacksnoten selbstangesetzte Kreationen unseren Speisen verleihen.
Wir wollen Ihnen im folgenden die Entscheidung erleichtern und Ihnen neben den populären Essigen und Ölen auch weniger bekannte und ihren besonderen Gebrauch vorstellen.

Essig – der saure Genuß

Sauer macht lustig – das wußten schon die Menschen der Frühzeit

Zwar ist nicht überliefert, wer den ersten Essig herstellte, doch dürfte die Nutzung in die Frühzeit der Menschheitsgeschichte zurückgehen. Denn schon bevor die Menschen in der Geschichte der Evolution auftauchten, gab es bereits Essig. Ihn haben wir nicht erfinden müssen, sondern konnten ihn einfach in der Natur entdecken. Er entsteht nämlich unter natürlichen Bedingungen durch die Oxidation von Alkohol, der sich dabei mit dem Sauerstoff der Luft verbindet. Alkohol findet sich übrigens ebenfalls ohne Zutun des Menschen in der Natur, zum Beispiel in vergorenen Früchten. Wer sich für die genaueren chemischen Zusammenhänge interessiert, der kann diese auf *Seite 14ff.* nachlesen.

Überliefert ist der Gebrauch von Essig unter anderem von den Babyloniern, Assyrern und den Ägyptern. In Gefäßen, die 8000 Jahre alt sind, ließen sich noch Reste von Essig nachweisen. Schon damals wußten die Menschen, daß Essig mit Wasser verdünnt auch ein erfrischendes Getränk liefert. Auch in der Bibel wird beschrieben, daß Jesus während der Kreuzigung einen Schwamm mit Essig an die Lippen gepreßt bekam, um seine Pein ein wenig zu lindern. Sogar eine Art Essigbier, das die Ägypter als „Hequa" bezeichneten, war sehr beliebt. Es wurde aus Gerste gebraut und durch den Essigstich sauer.

Heute haben die modernen Limonaden den Essig als Erfrischungsgetränk abgelöst. Doch noch vor 100 Jahren war eine wäßrige Essiglösung als Getränk durchaus üblich. Unsere Großeltern setzten dem saueren

Abb. 1: In Essig eingelegte Früchte, Pilze oder Gemüse sind nicht nur natürlich konserviert, sondern auch geschmacklich eine Delikatesse.

Wasser meist noch etwas Natron hinzu. Der Essig trieb die Kohlensäure aus dem Natron und ließ so das Getränk sprudeln. Das war Erfrischung für die ganze Familie. An Feiertagen gab es sogar noch einen Schuß Himbeersirup hinein, sozusagen als festliche Dreingabe für den guten Geschmack.
Doch Essig hat noch viel mehr zu bieten. Schon vor 5000 Jahren entdeckten die Babylonier im Essig sowohl Heilgetränk als auch Konservierungsmittel. Sie legten ihre Jagdbeute in Essig ein, damit sie länger haltbar blieb. Viele Bakterien oder Pilze können das saure Essigmilieu nicht ertragen und sterben deshalb ab. Lediglich für uns nützliche Keime, wie zum Beispiel Milchsäurebakterien, überleben im sauren Sud. Die Spreewaldgurken sind ein gutes Beispiel dafür. Ihr typisch milder Geschmack und die Trübung der Lake sind auf die Arbeit solcher Bakterien zurückzuführen.

Essig für die Gesundheit

Essigsäure ist ein körpereigenes Stoffwechselprodukt: 50 bis 100 Gramm werden pro Tag im menschlichen Organismus produziert. Sie ist ein wichtiger Bestandteil im Stoffwechsel von Fetten und Kohlenhydraten. Bei dieser Menge fällt von außen aufgenommener Essig kaum ins Gewicht: Bei einer täglichen Aufnahme von zum Beispiel 100 Millilitern Essig kämen nur fünf bis sechs Gramm Essigsäure hinzu. Zudem wird die Essigsäure bei gesunden Menschen vollständig abgebaut und belastet im Gegensatz zu überschüssiger Zitronensäure nicht die Nieren.

Essig, insbesondere der Apfelessig, enthält wichtige Nährstoffe wie das Polysaccharid Pektin und den Mineralstoff Kalium, regt die Produktion der Bauchspeicheldrüse an und unterstützt damit die Verdauung. Um diese Wirkung optimal zu nutzen, trinken manche Menschen morgens auf nüchternen Magen ein Glas Wasser, in dem zwei Teelöffel Apfelessig gelöst sind. Wie man Apfelessig selbst herstellen kann, erfahren Sie ab *Seite 30*. Der Essigtrunk soll die Lebensgeister wecken und die Verdauung ankurbeln.
Bereits im Mittelalter nutzten die Menschen die desinfizierende Wirkung vom Essig im Kampf gegen die Seuchen. Essiggetränkte Tücher wurden vor Nase und Mund gehalten, um den Gestank, der in den Straßen herrschte, zu überdecken. Gleichzeitig wurde auf diesem Weg versucht, die Infektionen über die Atemluft zu verringern, ohne daß man damals wußte warum, denn Bakterien und andere Mikroorganismen waren noch unbekannt.
Über die gesundheitserhaltende Wirkung von Essig erzählt man sich eine alte Geschichte: Um das Jahr 1550, als in Frankreich die Pest wütete, trieben vier Räuber in Paris ihr Unwesen. Obwohl auf Plünderei die Todesstrafe stand, stiegen sie in fremde Heime ein und stahlen, was sie kriegen konnten. Unbehelligt von der Pest zogen sie lange Zeit umher, bis sie schließlich eines Tages doch gefaßt wurden. Als das Todesurteil über sie gesprochen war, verrieten sie im Angesicht des Todes noch das Geheimnis ihrer scheinbaren Immunität: Sie tranken jeden Tag einen speziell mit Kräutern und Honig gewürzten Essigtrunk. So hatten sie

Abb. 2

erfolgreich versucht, sich vor der Pest zu schützen, gegen den Henkersstrick konnte der Essig freilich nicht mehr helfen.

Nicht nur das Trinken, sondern auch die Aufnahme über die Atemwege schützt vor diversen Infektionen. Personen, die in Essigfabriken arbeiten und den ganzen Tag von Essigdunst umgeben sind, sind gegen Krankheiten vergleichsweise gut gefeit. Mancher Essigmeister versicherte uns, daß er in den letzten Jahren, wenn nicht gar Jahrzehnten, nicht einmal erkältet gewesen sei. Inzwischen nutzen auch Kurkliniken diese Erkenntnisse und setzen sie in die Praxis um: In Kurbädern wie Bad Neuenahr kann seit neuestem in eigens eingerichteten Inhalationskammern mit Spezialessigen gegen Atem- und Bronchienbeschwerden inhaliert werden. Angeboten werden natürlich auch die traditionellen äußeren Essiganwendungen wie Essigbäder, Essigwickel und Essigmassagen.

Was ist Essig?

Essig ist – chemisch gesehen – eine verdünnte, wäßrige Essigsäurelösung. Der Gesetzgeber hat 1972 in der „Verordnung über den Verkehr mit Essig und Essigessenz" festgelegt, welche Kriterien jeweils erfüllt werden müssen. Für Essig ist ein Mindestgehalt von fünf Gramm Essigsäure auf 100 Milliliter, das entspricht 50 Gramm auf einem Liter, vorgeschrieben. Die obere Grenze liegt bei 15,5 Gramm Säure pro 100 Milliliter, darüber spricht man von Essigessenz. Die gängigen Haushaltsessige befinden sich mit fünf oder sechs Gramm Säure pro 100 Milliliter im untersten Konzentrationsbereich und sind sehr gut verträglich. Anders ist das bei der Essigessenz. Mit Säuregehalten zwischen 15,5 bis 25 Gramm pro 100 Milliliter ist diese Essigsäurelösung nicht unverdünnt zu genießen. Grundsätzlich unterscheidet man die im Handel erhältlichen Essigsorten in „Essig", gewonnen durch biologische Gärung; „Essig aus Essigsäure" beziehungsweise „Essig aus Essigessenz", der aus synthetischer Essigsäure durch Verdünnen mit Wasser hergestellt wird; sowie Mischerzeugnisse dieser Produkte.

Essigessenz – der supersaure Kick

Es gibt Leute, denen kann es gar nicht sauer genug sein. Normaler Haushaltsessig mit fünf oder sechs Prozent Säure ist ihnen viel zu schwach. Nun können die Bakterien aber nur bis zu ihrer eigenen Toleranzgrenze Essigsäure produzieren; wenn ihr Milieu zu sauer wird, sterben sie ab. Nur einige Spezialisten unter den Keimen können im Submersverfahren (siehe *Seite 20*) Essigkonzentrationen von bis zu 20 Prozent herstellen.

Hochprozentige Essige müssen deshalb auf synthetischem Weg hergestellt werden. Der Ausgangsstoff ist das aggressive Gas Acetylen, das aus der Erdölchemie stammt. Aus diesem wird zunächst Acetaldehyd, eine Vorstufe der Essigsäure, hergestellt. Daraus läßt sich dann chemisch sehr reine Essigsäure produzieren. Im Prinzip gleicht dieser Schritt der natürlichen Essigherstellung, denn auch bei dieser ist die Vorstufe der Essigsäure Acetaldehyd, das hier allerdings nicht aus Acetylen, sondern aus dem Alkohol stammt.

Der Syntheseessig ist hochkonzentriert und wird auf einen Säuregehalt von 60 bis 80 Prozent verdünnt. Trotzdem ist Essigsäure in dieser Konzentration stark ätzend und äußerst gefährlich. Doch natürlich läßt sich dieser Industrieessig noch weiter verdünnen. Die im Laden erhältliche Essigessenz ist in ihrem Säuregehalt auf 25 Prozent abgesenkt, damit allerdings immer noch ätzend. Beim „Genuß" ist hier also weiter Vorsicht geboten, Essigessenz muß zur Anwendung verdünnt werden. Für die Verwendung in der Küche muß Essigessenz durch Mischen mit Wasser auf die gewünschte Säurestärke gebracht werden. Allerdings raten wir von synthetisch hergestelltem Essig ab, denn natürlicher Essig enthält schließlich noch eine ganze Menge gesunde und schmackhafte Begleitstoffe.

Essigessenz kann aber sehr gut zum Putzen verwendet werden. Hier wird dann lediglich ein Fünftel der angegebenen Menge eines 5- bis 6%igen Essigs benötigt (ca. ein Eßlöffel auf zehn Liter Wasser). Weiterhin eignet sich die Essenz ausgezeichnet zum Reinigen von Gefäßen, in denen sich zum Beispiel verdorbene und verschimmelte Lebensmittel befunden haben.

Abb. 3: Essigessenz wirkt erfolgreich gegen Kalkflecken und anderen hartnäckigen Schmutz.

Synthetisch gewonnener Essig enthält neben der Essigsäure keinerlei Aromastoffe und schmeckt daher einfach nur sauer. Anders ist das bei einem Essig, der durch biologische Gärung gewonnen wird. Hier entscheidet vor allem der Ausgangsstoff darüber, was sich hinterher im fertigen Essig wiederfindet, denn die Inhaltsstoffe des Ausgangssubstrats bleiben während der Essigbildung weitgehend erhalten. Im Fall von Apfelessig sind das wertvolle Mineralstoffe wie zum Beispiel Kalium, Natrium und Calcium sowie wichtige Wirkstoffe wie Pektin, Fruchtsäuren, sekundäre Pflanzenstoffe und Vitamine. Darüber hinaus bilden die Bakterien neben der Essigsäure in geringen Mengen spezielle Verbindungen, zum Beispiel Ester, die als Aroma- und Geruchsstoffe großen Einfluß auf den Essiggeschmack nehmen und ihn vervollkommnen. So können eine Vielfalt an Essigsorten wie Obstessig, Weinessig, Reisessig usw. entstehen, und es lohnt sich, diese für die Küche zu entdecken.

Wenn der Wein sauer wird

Im einfachsten Fall entsteht Essig ohne eigenes Dazutun. Es reicht unter Umständen schon aus, Wein offen stehen zu lassen, und bereits nach kurzer Zeit bekommt er diesen wohlbekannten Essig-Stich. Essigbakterien aus der Luft haben sich im Wein niedergelassen, den Alkohol „verdaut" und Essigsäure produziert. Essigsäurebakterien sind ein ganzes Sammelsurium von Mikroorganismen, die normalerweise auf Pflanzen und in der Luft vorkommen. Dabei sind sie jedoch auf Gesellschaft angewiesen, die sie in Hefen finden. Die Hefen produzieren nämlich aus den zuckerhaltigen Pflanzensäften Alkohol, das Ausgangssubstrat zur Bildung von Essigsäure. Deshalb sind die Essigsäurebak-

Abb. 4: Eine bunte Vielfalt (v. l. n. r.): Branntweinessig mit Zitrone, Gurkenaufguß, Rotweinessig, Wein-Branntweinessig, Sherryessig, Balsamessig, Kräuteressig, Obstessig, Kräuteressig.

terien besonders in Obst- und Weingegenden verbreitet und auch gefürchtet. Denn dieser einfache Vorgang kann für einen Winzer tragische Folgen haben: Er erleidet den Verlust eines guten Tropfens und bekommt dafür noch nicht mal einen genießbaren Essig. Durch die ungewollte und unkontrollierte Essiggärung entstehen nämlich gewöhnlich nur Zufallsprodukte ohne kulinarischen Wert. Guten Essig zu produzieren, will schließlich gelernt sein.

Zum Schutz vor Schäden durch Essigbakterien und andere Mikroorganismen ist es deshalb üblich, den Wein zu schwefeln. Neben unerwünschten Hefen und Schimmelpilzen werden durch den Schwefelzusatz auch die für die Essigsäurebildung verantwortlichen Bakterien in ihrem Wachstum gehemmt. Zu stark geschwefelter Wein kann sich deshalb unter Umständen völlig der heimischen Essigbereitung widersetzen, selbst wenn professionell mit Zusatz von aktiven Essigbakterien gearbeitet wird. Die zugesetzten Bakterien vermehren sich dann nicht und gehen bald zugrunde. Achten Sie deshalb bei der Essigherstellung darauf, daß Sie schwefelarme Weine verwenden (siehe *Seite 28*). Die Essigbakterien sollen schließlich ein angenehmes Milieu vorfinden, in dem sie rasch wachsen und bald aktiv werden können.
Neben Wein können auch andere alkoholische Getränke als Basis für die Essigherstellung eingesetzt werden. Je nach Ausgangsmaterial, der Fachmann

Abb. 5

spricht hier wie bei der Weinbereitung von der sogenannten Maische, erhält man dann zum Beispiel einen Branntwein- oder Bieressig oder besonders exklusive Sorten wie Winzer- oder Champagneressig.
Unentbehrlich für die Essigbakterien ist einzig und allein das Vorhandensein von Trinkalkohol, chemisch als Ethanol bezeichnet, und Sauerstoff. Aus der Umwandlung des Ethanols in Essigsäure gewinnen die eifrigen Essigbakterien ihre Lebensenergie. Dieser Umwandlungsprozeß wird traditionellerweise als Essiggärung bezeichnet und schließt sich natürlicherweise der alkoholischen Gärung an.

Gärung
Man bezeichnet nach der klassischen Definition von Louis Pasteur mit Gärung eine anaerobe (unter Ausschluß von Sauerstoff stattfindende) chemische Reaktion, die mit Energiegewinnung verbunden ist. Diese Energiegewinnung äußert sich als mehr oder weniger starke Erwärmung. Man benennt die Reaktionen nach ihren Endprodukten, zum Beispiel alkoholische Gärung, Milchsäuregärung, Buttersäuregärung usw.

Alkoholische Gärung:

$$C_6H_{12}O_6 \rightarrow 2\,C_2H_5OH + 2\,CO_2$$

Betrachtet man dagegen die chemische Gleichung der Essigsäuregärung, erkennt man, daß diese nach der klassischen Definition eigentlich keine echte Gärung ist, da bei ihr Sauerstoff benötigt wird:

$$C_2H_5OH + O_2 \rightarrow CH_3COOH + H_2O$$

Sie wird aber traditionellerweise so benannt.

Die Essiggärung funktioniert nicht in alkoholfreien Getränken wie beispielsweise Obstsaft. Um aus Apfelsaft einen Apfelessig zu machen, muß dieser zu-

nächst zu Apfelwein vergoren werden. Im Zuge dieser alkoholischen Gärung entsteht aus dem Zucker Alkohol. Wenn die Essigbakterien jetzt hinzukommen, können sie mit ihrer Arbeit beginnen.
Aus der auf *Seite 15* genannten chemischen Reaktionsgleichung wird ersichtlich, daß für diese Umwandlung zwingend Sauerstoff benötigt wird, denn Essigbakterien sind aerobe Bakterien, das bedeutet sie leben und arbeiten nur, wenn ihnen auch genügend Sauerstoff zur Verfügung steht. Die Sauerstoffzufuhr ist deshalb bei der Essigherstellung, egal ob zu Hause oder in der Fabrik, ein sehr wichtiger Faktor.

Und noch etwas wird aus dem Reaktionsablauf ersichtlich: Aus einem Molekül Ethanol entsteht ein Molekül Essigsäure, das heißt die Alkoholumwandlung steht mit der Säurebildung im Verhältnis 1:1. Die Umrechnung auf die bei Alkohol und auch bei Säuren gebräuchlichen Prozente ist schnell gemacht: Ethanol ist etwas leichter als Essigsäure, genauer entspricht nach dem obigen Verhältnis ein Gramm Ethanol 1,3 Gramm Essigsäure, das heißt 1 Vol% Ethanol ergibt 1,3 Gew% Essigsäure. Da allerdings während der Gärung nicht nur Essigsäure, sondern auch kleine Mengen anderer Produkte gebildet werden, ergibt sich hier grob gerechnet ebenfalls ein Verhältnis von 1:1. Der Essigproduzent kann also durch die Wahl des Alkoholgehalts die gewünschte Essigsäurestärke bestimmen, so führt der Einsatz von 5%igem Alkohol zu einem ca. 5%igen Essig. Die

Abb. 6

Wahl des Alkoholgehalts unterliegt allerdings gewissen Rahmenbedingungen: Zum einen schreibt der Gesetzgeber aus Haltbarkeitsgründen einen gewissen Mindestgehalt an Essigsäure vor, andererseits arbeiten die Bakterien bei einem zu hohen Gehalt an Alkohol nicht mehr effektiv. Im Mittel vertragen die Bakterien Alkoholgehalte von fünf bis zehn Prozent besonders gut. Für die eigene Weinessigherstellung zu Hause empfiehlt es sich, Wein mit 10- bis 12%igem Alkoholgehalt durch Zumischen von Wasser zu verdünnen (siehe *Seite 29*), dann ist auch der fertige Essig geschmacklich optimal. Darüber hinaus lieben die Essigbakterien es angenehm warm, bei Temperaturen um 25 bis 30 °C fühlen sie sich richtig wohl. Liegen die Temperaturen darüber oder darunter, nimmt ihre Aktivität rasch ab.

Eine kurze Geschichte der Essigherstellung

Essig ist bis heute ein Naturprodukt geblieben, wenn man einmal von der synthetisch gewonnenen Essigsäure beziehungsweise Essigessenz absieht. Natürlich kommt auch die industrielle Essigerzeugung nicht ohne moderne Technologie aus, doch die entscheidende Arbeit leisten heute wie damals Essigbakterien.
Grundsätzlich kommen für die Herstellung eines Gärungsessigs drei verschiedene Methoden in Frage, die in der gewählten Reihenfolge auch eine gewisse historische Entwicklung der Essigherstellung präsentieren. Die üblichen drei Methoden sind das Oberflächenverfahren, die Fessel- und die Submersgärung, wobei der Name die Position der Essigbakterien verrät.

Abb. 7: In solch riesigen Gärfässern wird auch heute noch Essig hergestellt.

Oberflächenverfahren

Alle ursprünglichen Verfahren waren Oberflächenverfahren, auch offene Gärverfahren oder Orleans-Verfahren genannt, nach der französischen Stadt Orleans, wo die Essigbereitung seit dem Mittelalter Tradition hat. Seinerzeit ließ man den Wein in offenen Fässern gären. Die dort in der Luft befindlichen Essigbakterien erzeugten einen besonders wohlschmeckenden Essig, der die Essigmacher aus Orleans berühmt werden ließ.
Heute überläßt man dies natürlich nicht mehr dem Zufall, sondern beimpft die Flüssigkeit gezielt und läßt sie in breiten Bottichen oder niedrigen Wannen gären. Eine möglichst große Oberfläche ist hierbei besonders wichtig, da eine größere Luftmenge an die Flüssigkeit herantreten kann und sie dadurch besser vergoren wird. Die Essigbakterien sammeln sich an der Oberfläche, da sie nur dort mit genügend Sauerstoff versorgt werden. Die Dauer der Essigbildung hängt von vielen Faktoren ab, unter anderem von der Umgebungstemperatur und der Gefäßgröße. Verläuft der Bildungsprozeß schnell, dann ist schon nach zwei bis drei Wochen der Rohessig entstanden, gewöhnlich dauert es allerdings mehrere Wochen bis Monate. Schon nach ein paar Tagen überzieht eine dünne sichtbare Haut aus Essigbakterien die Oberfläche. Mit der Zeit kann sie sich zu einer gallertartigen Masse aus Schleim und Bakterien vermehren, der sogenannten Essigmutter, die beständig wächst und später auch geteilt werden kann.

Die Essigmutter, ein Heer fleißiger Kleinstlebewesen

Unter dem Namen Essigmutter verbergen sich aktive Essigsäurebakterien, die bei der Essigherstellung als „Impfstoff" dienen. Gewöhnlich handelt es sich um einen Rohessig mit aktiven Bakterien, der in flüssiger Form in den Handel kommt. Allerdings kann die Essigmutter auch ganz anders aussehen, denn wenn sich im Laufe des Essigbildungsprozesses Schleimbakterien mit den Essigsäurebakterien vergesellschaften, entsteht eine schleimhaltige, gallertartige Masse an der Oberfläche der Flüssigkeit – die Essigmutter. Sie sieht zwar nicht besonders appetitlich aus, bedeutet aber auch keine qualitative Beeinträchtigung. Essig, der noch nach traditionellen Methoden hergestellt wird, entsteht durch Zusatz einer solchen Essigmutter. Bei der industriellen Essigherstellung mit Bakterien in Reinkultur unterbleibt die Bildung der Essigmutter.
Essigsäurebakterien werden in zwei große Gruppen unterteilt. Es handelt sich um die Gattungen *Acetobacter* und *Gluconobacter*, letztere wurde früher auch als *Acetomonas* bezeich-

net. Unter dem Mikroskop sind die beiden Gattungen der Essigbakterien anhand ihrer Geißeln leicht zu unterscheiden (siehe Grafik 1, *Seite 19*). Geißeln sind peitschenartige Organe, die sich propellerschraubenartig bewegen können und so für die Beweglichkeit der Bakterien sorgen.
Als typische Produzenten von Gärungsessig werden die Stämme *Acetobacter xylinoides*, *A. suboxydans* und *A. rancens* eingesetzt. Die Wahl des richtigen Stammes ist für die Essigproduktion ganz entscheidend, da es in beiden Gattungen, also sowohl bei *Acetobacter*- als auch bei *Acetomonas*-Bakterien, sogenannte „Überoxidierer" gibt. Diese Stämme verarbeiten einen Teil der gebildeten Essigsäure gleich weiter zu Kohlendioxid (CO_2) und Wasser (H_2O). Der entstehende Essig schmeckt schal und hat einen zu niedrigen Essigsäuregehalt. Für den Verkauf wäre er nicht geeignet.

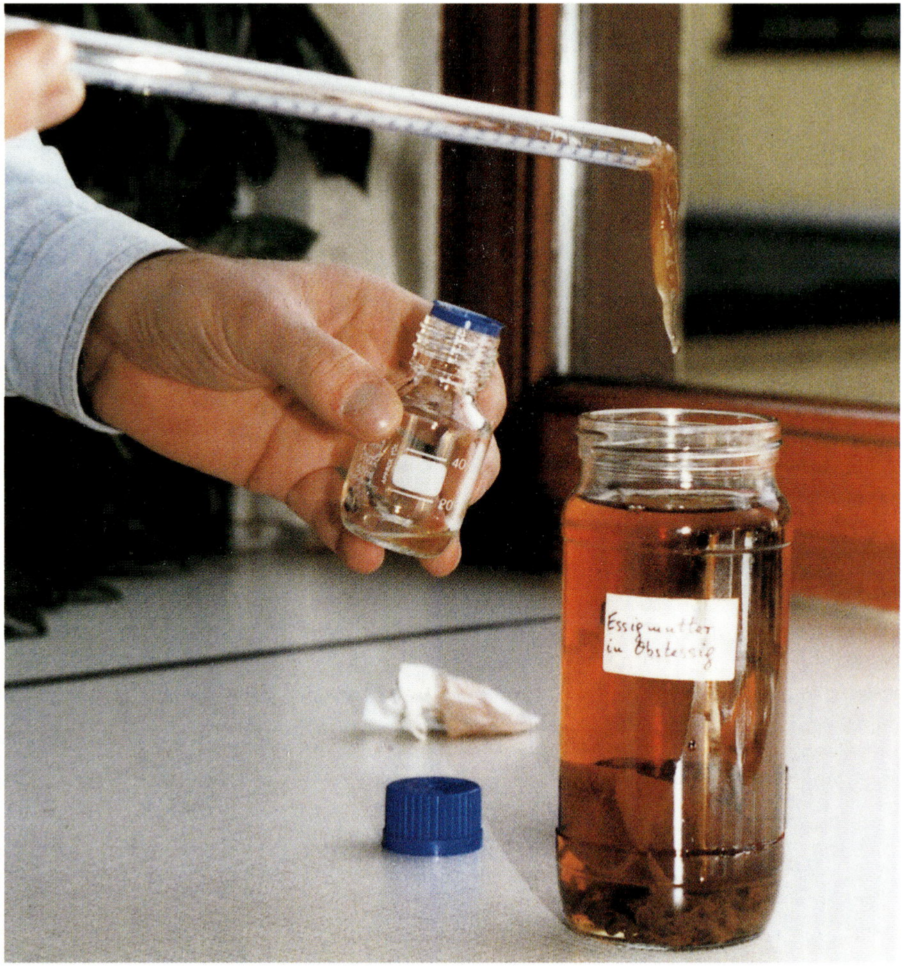

Abb. 8: Die Essigmutter, hier eine gallertartige Masse aus Bakterien und Schleim.

Bis zur richtigen Reife muß der Rohessig noch gelagert werden, dabei bilden sich Aromastoffe, und Schwebstoffe setzen sich ab. Je nach Geschmack kann es auch hier nochmals mehrere Monate dauern, bis der Essig abfiltriert und abgefüllt werden kann. Die gleiche Essigmutter kann für einen weiteren Gärungsvorgang verwendet werden, die fehlende Flüssigkeit wird einfach wieder ergänzt. Heutzutage ist das offene Gärverfahren für die industrielle Herstellung natürlich längst überholt. Vor allem die Dauer dieser Methode, die erforderlichen Räumlichkeiten und die geringe Einflußnahme auf das Endprodukt machen den Herstellungsprozeß für große Mengen nicht rentabel. Allerdings gibt es in vielen Mittelmeerländern noch Betriebe, die Essig auf diese Weise herstellen. So gärt zum Beispiel in der Türkei in riesigen Fässern mit einem Fassungsvermögen von bis zu 3000 Litern der dort äußerst beliebte Rosinenessig (siehe *Seite 24*).

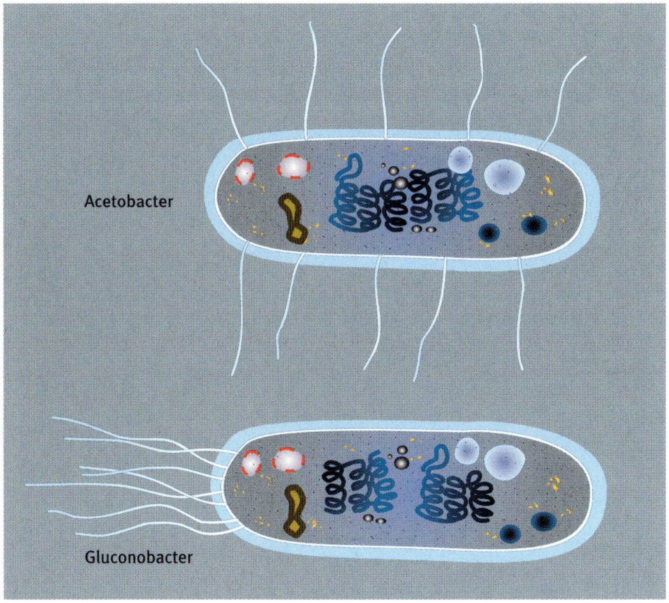

Grafik 1: Acetobacter-Bakterien besitzen bewegliche Geißeln am ganzen Körper (peritriche Begeißelung), mit denen sie sich langsam bewegen können. Gluconobacter-Bakterien haben einen kleinen Geißelschopf an einem Körperende (polare Begeißelung), mit dem sie ihre schwachen Bewegungen steuern.

Abb. 9: Buchenholzspäne haben sich als Trägermaterial beim Fesselverfahren bewährt.

Gerade wegen seiner Einfachheit eignet sich dieses Verfahren aber hervorragend für die Essigherstellung zu Hause. Es sind keine teuren Anschaffungen nötig, der Ansatz funktioniert auch in einer normalen Saftflasche und der etwas langsame Prozeß paßt sich ausgezeichnet dem familiären Verbrauch an. Die genaue Beschreibung für den selbstgemachten Essig à la Hobbythek verraten wir ab *Seite 26*.

„Fesseln" aus Buchenholz

Um 1870 wurden die ersten Essigbildner – das sind die Gefäße, in denen der Essig gärt –, die nach dem Fesselverfahren arbeiten, entwickelt. Unter den Fesselverfahren werden diejenigen Verfahren zusammengefaßt, bei denen die Bakterien an ein Trägermaterial „gefesselt" sind. Dazu dienen beispielsweise Holzgitter, Maisspindel oder Traubenstiele, die in häufig bewegte und belüftete Fässer gehängt werden. Bewährt haben sich hier spiralförmige Späne aus Buchenholz.
Moderner sind spezielle Einsätze, die die Trägersubstanz plus Bakterien enthalten, um Verschleimungen der Späne vorzubeugen. Bei diesem Verfahren rieselt die Flüssigkeit von oben durch die Späne, während von unten Luft zugeführt wird. Mehrmals am Tag wird die Flüssigkeit im Kreis geführt, also unten entnommen und oben wieder eingebracht. Dieses Verfahren wird auch als Genera-

torverfahren bezeichnet. Je nach Größe der Gärbottiche müssen hier schon Kühlmechanismen eingesetzt werden, da die Bakterien bei so viel Arbeit einfach zuviel Energie, sprich Wärme, produzieren, die sie dann selber nicht mehr tolerieren können und absterben.

Submersverfahren

Seit den 50er Jahren setzt sich mit der Erfindung der vollautomatischen Essigbildner, nach dem Namen der Herstellerfirma auch „Frings"-Acetatoren genannt, das Submersverfahren durch. Die Bakterien schweben frei in der gesamten Flüssigkeit und werden durch ständige Sauerstoffzufuhr belüftet. Es kommt hierbei zu einer besonders reinen Essiggärung; eine Verschleimung und die Bildung einer gallertartigen Essigmutter findet aufgrund der kontrollierten Bedingungen nicht mehr statt. Dieses Verfahren ist besonders schnell: An einem Tag können mehrere tausend Liter Alkohol zu Rohessig umgewandelt werden. Der fertige Essig wird anschließend direkt abgetrennt und filtriert. Um bei solch hohen Umsatzmengen eine gleichbleibende Qualität zu gewährleisten, kommen hier nur Bakterien in Reinkultur zum Einsatz, während in der Essigmutter durchaus bis zu zwanzig oder dreißig verschiedene Kulturen am Essigbildungsprozeß beteiligt sind.

Abb. 10: In diesen vollautomatischen Essigbildnern schweben die Bakterien frei in der Flüssigkeit. Die Bedingungen sind für sie durch eine kontrollierte Sauerstoff- und Nährstoffzufuhr optimal.

Essig – alles ist möglich

Vor nicht allzu langer Zeit fand das Standardsortiment an Essig im Supermarkt noch Platz in der kleinsten Ecke. Das Angebot beschränkte sich meist auf billigen Tafelessig, Essigessenz und eventuell noch einen mit Kräutern verfeinerten Essig. Im Zuge der gestiegenen Aufmerksamkeit für die verschiedensten Öle erobert sich allmählich auch der Essig seinen Raum. Die Auswahl nimmt stetig zu, wir können wählen zwischen verschiedenen Rot- und Weißweinessigen, diversen Kräuteressigen, und meist ist auch eine Anzahl Aceto balsamico dabei. Wer allerdings den besonderen Geschmack liebt und auf Essig-Entdeckungsreise gehen möchte, der sollte einmal ganz spezielle Läden aufsuchen. In Feinkostgeschäften, im Weinfachhandel und neuerdings in speziellen Essig-und-Öl-Geschäften kann man sich überraschen lassen, was an Essigsorten alles möglich ist. Da gibt es Feigenessig, Honigessig,

Abb. 1

Winzer- oder Rebsortenessige, Cidreessig usw. Leider können wir hier nicht alle beschreiben, deswegen geben wir eine Auswahl der gängigsten Essigsorten mit einem Ausblick auf die internationale Küche.

Basisessige

Echter Weinessig

Echter Weinessig entsteht ausschließlich aus Traubenwein. Er unterliegt nicht der Verordnung über Essig, sondern den weinrechtlichen Bestimmungen. Der Essigsäuregehalt liegt je nach Alkoholgehalt im Wein zwischen sechs und zehn Prozent, in der Regel aber bei sechs Prozent. Weißweinessig ist die etwas mildere Variante, während Essig aus Rotwein bedingt durch höhere Gerbstoffgehalte meist kräftiger schmeckt. Neben der Farbe spielt die Qualität des Weines eine entscheidende Rolle. Das Aroma guter Weine überträgt sich natürlich auch auf den Essig. Und dieses Prinzip gilt generell für die Essigherstellung: Je edler das Ausgangsprodukt, um so feiner ist auch der gewonnene Essig.

Branntweinessig

Er wird aus verdünntem Branntwein hergestellt, der aus landwirtschaftlichen Produkten wie Zuckerrübenmelasse, Getreide oder Kartoffeln destilliert wird. Das Alkohol-Wasser-Gemisch wird vergoren und kommt nach einer kurzen Reifezeit als Tafel- beziehungsweise Speiseessig mit einem Säuregehalt von fünf Prozent in den Handel. Da er neutral sauer schmeckt, wird ihm fehlendes Aroma häufig nachträglich zugesetzt. Bei der Gesamtessigherstellung trägt er den Löwenanteil. Seine typische Verwendung findet er als Einlegeessig in der weiterverarbeitenden Industrie.

Weinwürziger Essig oder Wein-Branntweinessig

Dieser wird aus einem Verschnitt aus Branntweinessig mit 20 bis 40 Prozent Weinessig hergestellt. Die oftmals dunkle Färbung stammt aus einem Zusatz von Zuckercouleur. Das gängigste Mischungsverhältnis besteht aus $\frac{3}{4}$ Branntwein- und $\frac{1}{4}$ Weinessig. Wer es ganz genau wissen will, kann die zugefügte Menge an Weinessig und weitere Zutaten auf dem Etikett nachlesen. Durch den Weinessigzusatz erhält dieser Essig eine leicht fruchtig-saure Note, die besonders gut zu Salaten paßt.

Abb. 2: Rotwein- und Weißweinessig

Obstessig

Obstessig kann prinzipiell aus allen Obstweinen hergestellt werden. Der gängigste Obstessig ist allerdings fast immer ein Apfelessig. Wegen des guten Geschmacks dieser Obstessigsorte und der vergleichsweise preiswerten Herstellung sind andere Früchte hier kaum vertreten. Die übrigen Fruchtessige sind fast immer Essige mit Fruchtextraktzusätzen. Da der Alkoholgehalt im Obstwein etwas geringer ist als im Traubenwein, enthält auch der Obstessig meist weniger Säure, nämlich fünf Prozent. Wegen der vielen positiven Wirkungen, die dem Apfelessig zugeschrieben werden, gibt es zur Zeit einen regelrechten Boom auf Apfelessig.

Aromaessige

Aromaessige beziehungsweise Frucht-, Kräuter- und Gewürzessige entstehen durch Veredelung der Basisessige mit speziellen Kräuterauszügen, Fruchtextrakten und Gewürzessenzen. Welches Ausgangsprodukt für den Aromaessig verwendet wurde, verrät das Etikett. Durch die verschiedensten Zusätze und unterschiedlichsten Lagerzeiten entsteht eine Vielfalt an Essenz-Essigen, zum Beispiel der beliebte 7-Kräuter-Essig, Zitronenessig oder auch der Himbeeressig. Aufgrund ihrer Geschmacksnuancen werden sie in der Küche schon sehr gezielt eingesetzt. Als Vorschlag sei an dieser Stelle der von den Franzosen so geliebte und für die Sauce Béarnaise (siehe *Seite 70*) unverzichtbare Estragonessig genannt. Wahre Feinschmecker werden allerdings selbstgemachten, mit frischen Kräutern angesetzten Estragonessig immer vorziehen. Einige Rezepte und Anregungen zu Ansatzessigen finden Sie ab *Seite 34*.

Abb. 3: Es liegt in der Natur der Sache, daß aus gutem Wein auch guter Essig wird.

Spezielle Essigsorten

Winzeressige

Diese Essige werden aus speziellen Traubenrebsorten gewonnen und ergänzen mittlerweile häufig das Weinsortiment vieler einzelner Winzer und Winzergenossenschaften. Mit der Herstellung von Essig aus den eigenen Traubenweinen ist eine ganz neue Essigkultur in Deutschland entstanden. Edelessige aus Trauben wie Riesling, Spätburgunder und Gewürztraminer verfeinern die Haute Cuisine, und inzwischen werden ganze Essig-Menüs mit Edelessigen geschaffen.

Eine ganz besondere Adresse für erlesenen Weinessig ist der Doktorenhof im kleinen Ort Venningen in der Pfalz. Hier vollzieht der Essigmeister Georg Wiedemann die Essig„werdung" noch in Handarbeit vom Weinanbau bis zur Vermarktung. Der naturnahe Anbau und der Verzicht auf jegliche moderne Technik beläßt den Essig so ursprünglich wie möglich. Auf diese Weise wird versucht, alle Inhaltsstoffe des Weines im Essig zu bewahren. Inzwischen begeistern die Qualitätsprodukte vom Doktorenhof Köche in der ganzen Welt. Die Wiedemannschen Essig-Kreationen eignen sich aber neben der Verwendung in der Küche auch als genüßlicher Aperitif vor oder Digestif nach dem Essen. Wir haben uns übrigens selbst davon überzeugen können, wie hervorragend die erlesenen Tropfen schmecken.

Malz- oder Bieressig

Malz- oder Bieressig wird vorwiegend in Nordeuropa und England, aber inzwischen auch in Deutschland, zum Beispiel aus bayerischem Bockbier, hergestellt. Als Rohstoff dient ein mit Wasser angesetzter Malzbrei, der zu einer Art Bier vergoren wird. Mit seiner kräftigen Note paßt dieser dunkle Essig besonders gut zu deftigen Gerichten, unter anderem aus der bayerischen Küche oder auch zu der Pommerschen Schmorwurst von *Seite 81*.

Sherryessig

Sherryessig kommt aus der Gegend um den Ort Jerez de la Frontera in Spanien, wo auch sein Ausgangsprodukt, der Sherrywein, zu Hause ist. Der Sherrywein wird mit Essigbakterien geimpft und lagert nach einem ganz speziellen Verfahren, dem sogenannten Soleraverfahren, das auch bei der Sherryherstellung angewandt wird, unterschiedlich lange in Holzfässern. Die Lagerzeit bestimmt neben der Qualität auch den Preis des Essigs. Sein kräftiges Aroma harmoniert besonders gut mit Fleisch, hier kann der Sherryessig vorzüglich für Marinaden und Chutneys verwendet werden. Er paßt beispielsweise ausgezeichnet zu Olivenöl und kräftigeren

Nußölen. Wir haben ihn auch als Grundlage für einen köstlichen Essigaperitif entdeckt (siehe *Seite 67*).

Champagneressig
Als Champagneressig wird meist ein spezieller Weißweinessig aus Trauben der Champagne bezeichnet, der auch recht preiswert ist. Diese sind jedoch eigentlich keine „echten" Champagneressige, denn nach strengen französischen Vorschriften darf sich ein Essig nur dann Champagneressig nennen, wenn er nachweislich auch aus Champagner – nicht nur aus den Trauben – hergestellt wird. Dieser ist dann dementsprechend teuer. Sein spritziges Aroma paßt ausgezeichnet zu Fischgerichten.

Reisessig
Reisessig, japanisch „Su" genannt, kommt aus dem asiatischen Raum. Besonders beliebt ist er in China und Japan. Er ist ein milder Essig und eignet sich hervorragend für die süßsauren asiatischen Gerichte, aber auch zum Einlegen von Gemüse sowie als Sushi-Zutat. Hergestellt wird er entweder aus Reisweindestillat oder aus fermentiertem Klebreis. Bei uns findet man ihn vor allem in Asienläden. Als reines Reisweindestillat ist er in klarer Form erhältlich, es gibt ihn aber auch mit Aromaextrakten versetzt und gewürzt, dann ist er farbig.

Abb. 4: Sherryessig

Rosinenessig
Rosinenessig ist besonders im Mittelmeerraum verbreitet und beliebt. In Ländern wie der Türkei, Griechenland, Spanien, Marokko oder Algerien wird er oftmals noch im offenen Gärverfahren (siehe *Seite 17 ff.*) hergestellt. Die Rosinen werden ein paar Tage mit Wasser eingemaischt, anschließend wird der wäßrige Auszug vergoren und veressigt. Sein fruchtig-kräftiges Aroma paßt gut zu Salaten, aber auch zu Fleisch- und Fischgerichten.

Aceto balsamico – der Edelessig

Nicht alles, was unter diesem Namen im Handel ist, trägt seinen Namen auch zu Recht. Balsamessige sind in Mode gekommen, und bei besonders preiswerten Sorten sollte man stutzig werden. Da kann im schlimmsten Fall die dunkle Farbe, die dann durch Zusatz von Zuckercouleur entsteht, das einzige Merkmal sein, was der angebliche mit dem echten Balsamessig gemein hat. Balsamessige reifen jahrelang in Holzfässern, um eine besondere Qualität zu erzielen, und können aus diesem Grund gar nicht billig sein. Relativ günstig gelangen allerdings Verschnitte von älteren Balsamessigen mit jüngerem Essig in den Handel. Hier muß man nicht ganz so tief in die Tasche greifen, um eine Ahnung von dem zu bekommen, was für viele schier unerschwinglich bleibt.

Mit vollem Namen heißen die wahren Balsamessige Aceto balsamico di Modena „tradizionale". Sie dürfen nur in Italien, in der Gegend um Modena und der Reggio Emilia, hergestellt werden. Um in den erlesenen Reigen dieser Luxus-Essige aufsteigen zu können, müssen die strengen Auflagen eines Konsortiums erfüllt werden. In Modena ist es hauptsächlich die Trebbianotraube, die nach einem jahrhundertealten, von Generation zu Generation überlieferten Verfahren für die Balsamicoherstellung angebaut wird. Die Lese der Trauben beginnt so spät wie möglich, damit der Zuckergehalt besonders hoch und das Aroma vollständig ausgeprägt ist. Der Most dieser Trauben wird durch Köcheln eingedickt, zunächst stehengelassen und dann in Fässer umgefüllt, in denen die alkoholische Gärung und anschließend die Essigsäuregärung stattfindet. Von Jahr zu Jahr wird der Essig in Fässer unterschiedlicher Hölzer wie Eiche, Kastanie, Kirsche und Esche umgebettet. Mindestens zwölf Jahre muß er alt sein, dann darf Aceto balsamico das erste Mal abgefüllt werden. Während der Jahre hat ihm jedes Holz eine spezielle Beize mit auf den Weg gegeben, und durch die immerwährende Verdunstung hat er sich geschmacklich erheblich konzentriert. So bekommt er nach und nach sein spezielles Aroma und eine sehr milde Säure, die von Feinschmeckern so geschätzt wird.

Wegen des langwierigen Verfahrens ist der echte Aceto balsamico sündhaft teuer – und von unvergleichlicher Qualität. Für 100 Milliliter dieser dunklen, edlen Flüssigkeit werden nicht selten Preise von über 50 € verlangt, wobei die Preisskala nach oben hin offen ist.
Nach einer Untersuchung der Stiftung Warentest muß es nicht unbedingt ein „tradizionale" sein. Auch unter den preiswerten Balsamicoessigen finden sich qualitativ gute Produkte.

Abb. 5:
Für Aceto balsamico werden die Trauben so spät wie möglich geerntet, damit der Zuckergehalt möglichst hoch und das Aroma vollständig ausgeprägt ist.

Das kleine Essig-Einmaleins für die Herstellung zu Hause

Selbstgemachter Weinessig

Wer Spaß hat am Selbermachen und seine Experimentierfreudigkeit auch gern küchentechnisch unter Beweis stellt, der sollte keine Scheu davor haben, Essig selbst herzustellen. Die Essigbereitung ist nicht ganz so einfach wie die Weinherstellung, da die Essigbakterien gegenüber den Weinhefen empfindlicher auf Temperaturschwankungen reagieren, aber eine gute Vorbereitung verspricht Erfolg. Wenige Utensilien reichen schon aus, allerdings dauert so ein Essigbildungsprozeß in der Regel mehrere Wochen.

Der Essigbildner
Unter einem Essigbildner versteht man das Gefäß, in dem der Wein angesetzt wird und gärt. Geeignet sind Materialien wie Ton, Holz, Glas und Edelstahl oder auch säurebeständiger Kunststoff.

Abb. 1: Eine kleine Auswahl an möglichen Essigbildnern.

Nicht geeignet sind Metallgefäße, die von der Essigsäure angegriffen werden. Wichtig ist vor allem eine möglichst große Flüssigkeitsoberfläche, damit genügend Sauerstoff mit den Bakterien in Kontakt kommen kann. Ideal sind hier bauchige Weinflaschen, sogenannte Demijohns, die nur zur Hälfte gefüllt werden. Durch die verjüngte Flaschenhalsöffnung sind hier die Verluste durch Verdunsten gering. Es reichen aber auch größere Einmachgläser oder Saftflaschen, die mit Inhalt noch gut geschwenkt werden können, aus. Das Gefäß sollte vorher gut gesäubert und mit viel klarem Wasser nachgespült werden, um alle Spülmittelreste zu entfernen.

Die Starterbakterien

Diese kleine Starthilfe, auch Essigmutter genannt, ist nötig, um zu Hause eine professionelle Essigherstellung zu betreiben. Wer hofft, einen Eßlöffel gekaufter Essig reiche aus, um die Essigsäurebildung in Gang zu setzen, wie man es vom Joghurt her kennt, den müssen wir leider enttäuschen. Denn normalerweise wird der Essig zum Schutz vor Qualitätsveränderungen keimfrei filtriert, geschwefelt oder pasteurisiert, das heißt durch Erhitzen haltbar gemacht; die Essigbakterien sterben

Abb. 2: Auf immer mehr Wochenmärkten finden Sie Essighändler mit einer großen Auswahl.

dabei ab. Allerdings werden inzwischen naturbelassene Essige immer beliebter, die sich eventuell noch als Starthilfe eignen. Im Einzelfall, zum Beispiel wenn auf dem Wochenmarkt ein Händler losen Essig verkauft, lohnt es sich nachzufragen.

Als Starterkultur für den eigenen Essig werden also aktive Essigbakterien benötigt. Sie werden unter anderem in 100-Milliliter-Fläschchen angeboten und reichen für den Erstansatz von einem Liter Flüssigkeit aus. Einmal geöffnete Essigmutter-Fläschchen sollten vollständig verbraucht werden.
Es ist nicht ganz leicht, diese Essigbakterien zu bekommen. Am ehesten wird man in Betrieben für Kellereibedarf fündig, hier werden sogar versandfertige Essigbakterien angeboten. Es gibt auch vereinzelt Apotheken, über die man die Bakterien beziehen kann. Wir werden uns bemühen, daß sie gegebenenfalls auch in den Läden, die traditionell die Hobbythekzutaten führen, erhältlich sein werden (siehe *Bezugsquellenverzeichnis*). Der Verkauf dieser Essigmutter ist ein wenig umständlich, da die Bakterien sehr empfindlich sind.
Besonders praktisch wäre es, diese Bakterien in gefriergetrockneter Form zu handeln. Bisher sind allerdings sämtliche Versuche in dieser Richtung fehlgeschlagen. Dennoch haben von uns beauftragte Mikrobiologen die Bemühungen noch nicht aufgegeben.

Vermehrung der Essigmutter

Da die erstmalige Anschaffung einer Essigmutter nicht ganz preisgünstig ist, empfehlen wir, die Essigmutter zunächst in einem Liter Wein oder verdünntem Wein zu vermehren. Dieser Ansatz wird wie *unten* beschrieben wie ein normaler Essigansatz behandelt. Von diesem vermehrten Essigmutteransatz werden dann 100 Milliliter zur Essigherstellung abgenommen. Die restliche Essigmutter kann – in 100-Milliliter-Portionen aufgeteilt – für einen späteren Zeitpunkt aufbewahrt oder auch verschenkt werden. Zur Aufbewahrung wird die Essigmutter in einen Kunststoffbehälter mit Schraubverschluß gefüllt und kühl und dunkel gelagert, am besten im Kühlschrank, nicht im Tiefkühlfach. Auf diese Weise hält sie sich mehrere Monate.

Theoretisch können aus einem einzigen Fläschchen Essigmutter sogar 10, 20, 50 und mehr Liter Essig produziert werden. Dazu wird der ursprüngliche Ansatz alle ein bis zwei Wochen mit weiteren Litern Wein verlängert. Wieviel Essig man aus einer Essigmutter gewinnt, bleibt jedem selbst überlassen.

Der Rohstoff bzw. die Maische

Der eingesetzte Wein kann ein Rot- oder auch Weißwein, ein Obst- oder Beerenwein sein. Allerdings muß er unbedingt schwefelfrei beziehungsweise -arm sein; am besten stellt man den Wein selbst her (siehe *Seite 31*) oder fragt direkt bei einem Winzer nach. In diesen Fällen oder wenn der Alkoholgehalt des Weines höchstens zehn Volumenprozent beträgt, können Sie einen unverdünnten Ansatz wählen:

Unverdünnter Ansatz

1 l	Wein
100 ml	Essigmutter

Geben Sie die Essigbakterien zu dem Wein. Man spricht dabei auch von Beimpfen. Selbstgemachter Wein kann vor dem Beimpfen pasteurisiert werden. Erwärmen Sie ihn dazu kurz bis 60 °C. Bevor die Essigbakterien zugesetzt werden, muß der Wein allerdings wieder abkühlen. Optimal für die Beimpfung sind Temperaturen um 25 bis 30 °C.

Wenn die oben genannten Möglichkeiten nicht gegeben sind, kann ein Ansatz mit den handelsüblichen geschwefelten Weinen versucht werden. Abhängig vom Wein und den verwendeten Bakterien liegt die Schwefeltoleranzgrenze bei 15 bis 20 mg/l SO_2. Zur Überprüfung des Schwefelgehalts im Weißwein gibt es im Fachhandel Schwefelmeßstäbchen. Präziser und für alle Weine geeignet sind die im Weinfachhandel erhältlichen Acidometer. Bei diesen und allen sonstigen Weinen sollte der auf *Seite 29* beschriebene verdünnte Ansatz gewählt werden, der auch bei einem Wein mit Alkoholgehalten über zehn Prozent in Frage kommt. Man kann versuchen, den Schwefelgehalt durch Lüften des Weines (offen stehenlassen) oder Pasteurisieren (siehe *oben*) zu reduzieren.

Für einen Ansatz mit einem Liter Wein mit einem Alkoholgehalt über zehn Volumenprozent benötigen Sie:

Verdünnter Ansatz
(Für 1 Liter)

600–800 ml	Wein
400–200 ml	Wasser
100 ml	Essigmutter

Mischen Sie den Wein mit dem Wasser und geben Sie danach die Essigbakterien zu.

Hege und Pflege
Für die Aktivität der Essigbakterien sind Temperaturen um 25 bis 30 °C optimal. Die ideale Jahreszeit für die Essigherstellung ist aus diesem Grund natürlich der Sommer. Aber auch im Winter ist es möglich, wenn der Ansatz zur Reife in die Nähe der Heizung gestellt wird. Das Gefäß darf nicht verschlossen werden, da die Bakterien zur Essigsäurebildung ständig Sauerstoff benötigen (siehe *Seite 15 f.*). Als Abdeckung empfehlen wir einfache Kaffeefiltertüten, die wie ein Hütchen über die Öffnung gestülpt und mit einem Gummiring befestigt werden können. Besser ist allerdings die Verwendung von Watte, weil Watte zusätzlich das Eindringen von Kahmhefen verhindert. Kahmhefen leben in der Luft und können zu einer pelzigen, schimmelähnlichen Haut auf der Oberfläche anwachsen. In diesem Fall muß der Ansatz filtriert und das Gefäß gereinigt werden, schlimmstenfalls sollte der Ansatz verworfen werden.
Das Gefäß sollte zur guten Sauerstoffversorgung der Essigbakterien und zur Vorbeugung gegen Kahmhefenbefall täglich gut umgeschwenkt oder geschüttelt werden.

Behandlung des Rohessigs
Nach ein paar Tagen bildet sich eine dünne Haut auf der Oberfläche. Das zeigt, daß die Essigbakterien aktiv sind und sich vermehren. Während der Essiggärung kann die Flüssigkeit ähnlich wie Klebstoff riechen, das ist der Geruch von Ethylacetat, einem Nebenprodukt der Essigsäurebildung, und ein Zeichen für die Essigbildung. Nach ein

Abb. 3: Decken Sie Ihren Essigansatz zum Schutz vor Kahmhefen mit Watte ab.

paar Wochen ist ein junger Rohessig entstanden. Der Alkohol ist umgewandelt, und die Bakterien sterben teilweise ab. Durch stetiges Probieren muß der richtige Zeitpunkt zum Abfüllen individuell festgelegt werden. Je kleiner das Flüssigkeitsvolumen und je wärmer die Umgebungstemperatur ist, desto schneller geht es.

Wer möchte, kann den Essig zunächst filtrieren, anschließend ist er kühl und dunkel aufzubewahren. Dabei klärt er sich noch weiter und reift zu fertigem Essig heran. Gewöhnlich dauert dieser Prozeß noch einmal zwei bis drei Monate, dann kann er in Flaschen umgefüllt werden. Während dieser Zeit der Nachreife kann bereits der nächste Essig angesetzt werden. Dafür muß ein Rest an Rohessig im Gärgefäß verbleiben, am besten geben Sie auch den Filtrierrückstand wieder hinzu. Anschließend wie gehabt mit Wein aufgießen und warten, daß ein Rohessig daraus wird. Auf diese Weise können leckere Weiß- und Rotweinessige, aber auch Obstessige hergestellt werden. Die einmal entstandene Essigmutter kann also immer wieder verwendet werden. Bei guter Pflege hält sie sich mindestens ein Jahr und länger.
Bei der Essigherstellung sind der Phantasie keine Grenzen gesetzt. Als Basis dienen alkoholhaltige Flüssigkeiten, es können also durchaus auch selbsthergestellte Obstweine in die Essigproduktion wandern. So kann nicht nur eigener Apfelessig hergestellt werden, sondern nahezu jede Frucht, die zur Obstweinherstellung geeignet ist, zum Beispiel Himbeeren und Erdbeeren, kann auch zu Essig verarbeitet werden.

Apfelessig – Gesundheitsbombe selbstgemacht

Seit einiger Zeit gilt Apfelessig als das Gesundheitsmittel schlechthin. Seine positive Wirkung verdankt er seiner Fülle an Inhaltsstoffen. Apfelessig enthält eine Reihe von Vitaminen, Mineralstoffen und Spurenelementen, weiterhin gesundheitsfördernde Säuren, Enzyme und Aromastoffe und vor allem das Pektin. Pektin gehört zu den Polysacchariden, den langkettigen Zuckerarten, und hält als natürliche Klebesubstanz die Zellen zusammen. Durch Pressen läßt sich Pektin nicht zerstören. Wenn man also rein mechanisch Äpfel

Abb. 4: Apfelwein – die Grundlage für selbstgemachten Apfelessig.

Abb. 5

versaftet, gelangt alles Pektin in den Apfelsaft und damit auch später in den Essig. Wissenschaftliche Untersuchungen aus dem Jahr 1991 bescheinigen dem Pektin eine cholesterinsenkende Wirkung, indem es das „schlechte" LDL-Cholesterin senkt und das „gute" HDL-Cholesterin erhöht (siehe *Seite 47*).

Wenn man Apfelessig von der Pieke auf selbst herstellen will, erfordert dies Geduld. Zunächst müssen die Äpfel entsaftet und der Fruchtsaft zu einem alkoholhaltigen Wein vergoren werden, der dann mit Essigbakterien versetzt wird. Das bedeutet eine zusätzliche Zubereitungsphase von einigen Wochen. Allerdings ist solch ein selbstgemachter Apfelessig – womöglich mit Äpfeln aus dem eigenen Garten – auch wirklich etwas ganz Besonderes.

Die reifen, möglichst sauren Äpfel werden am besten mit Hilfe eines Entsafters ausgepreßt. Selbstgepreßter Apfelsaft gärt nach einiger Zeit von selbst, allerdings kann die Gärung durch Zugabe von sogenannten Reinzuchthefen erheblich beschleunigt werden. Wenn Sie einen gekauften, auf jeden Fall naturtrüben Apfelsaft als Grundlage verwenden wollen, sind diese Hefen unbedingt erforderlich, da die haltbar gemachten Säfte „wiederbelebt" werden müssen. Aus diesem Saft müssen Sie jetzt Wein herstellen. Dazu sind Glasballons mit Gäraufsatz (Demijohns) am besten geeignet.

Apfelwein

5 l	Apfelsaft aus ca. 7 kg Äpfeln
1 Flasche	Reinzuchthefe
1	Hefenährsalztablette

Der Saft wird sofort nach dem Pressen mit der Reinzuchthefe und der Hefenährsalztablette versetzt und das Gefäß zu zwei Dritteln gefüllt, so daß genügend Raum für die Gasentwicklung bleibt. Anschließend muß das Gefäß sofort mit einem sogenannten Gäraufsatz verschlossen werden. Dieses gebogene, mit Wasser gefüllte Röhrchen verhindert den Zutritt von Luft, genauer gesagt Sauerstoff, der bei der Weinbereitung, einer alkoholischen Gärung, im Gegensatz zur Essigherstellung unerwünscht ist (siehe *Seite 15*). Gleichzeitig kann das bei der Gärung entstehende Kohlendioxid aus dem Inneren des Ballons entweichen. Der Gärballon sollte bei konstanter Temperatur aufbewahrt werden. Auf keinen Fall darf die Umgebungstemperatur 22 °C überschreiten, da es sonst infolge stürmischer Gärung zu heftiger Gasentwicklung kommt. Weinhefen sind im übrigen gegen Temperaturschwankungen sehr viel unempfindlicher als die sensiblen Essigbakterien. Der Gärprozeß dauert insgesamt etwa drei bis vier Wochen. Die Gärung ist abgeschlossen, wenn sich keine Gasentwicklung mehr zeigt, also keine Bläschen mehr im Gäraufsatz aufsteigen.

Apfelessig

100 ml	Essigmutter
1 l	Apfelwein

Die weitere Vorgehensweise ist die gleiche wie bei der Weinessigherstellung (siehe *Seite 26 ff.*), allerdings wird der Apfelwein nicht mehr verdünnt, da der Alkoholgehalt sehr viel geringer ist als im Traubenwein.
Wem das zu kompliziert oder aufwendig ist, kann auch aus gekauftem Apfelwein seinen Apfelessig herstellen.

Heilkräuter können die positiven Eigenschaften des Apfelessigs zusätzlich unterstützen.

Heilkräuteressig

1 EL	Johanniskraut
1 EL	Anis
1 TL	Pfefferminze
1–2 EL	Süßholz
½ l	Apfelessig (siehe *oben*)

Kräuter mischen und mit Essig aufgießen. Den Ansatz mindestens zwei Wochen ziehen lassen und anschließend abfiltrieren. Johanniskraut wirkt gegen Depressionen und erheitert das Gemüt. Anis beseitigt Blähungen und kräftigt den Magen. Pfefferminze schützt vor Magen-, Darm- und Gallebeschwerden und verbessert den Geschmack. Das Süßholz verleiht dem sauren Essiggeschmack eine runde Note. Aus diesem Essig können Sie sich einen gesunden und schmackhaften Heilkräutertrunk bereiten (siehe *Seite 66*).

Leckere Essige aus Likören und Schnäpsen

Etwas einfacher geht es selbstverständlich mit der Verwendung von fertigen alkoholischen Getränken. Besonders köstlich fanden wir einen Essig aus Heidelbeerwein. Schnäpse wie Korn oder Weinbrand, Cognac oder Calvados, aber auch Liköre sind in entsprechend verdünnter Form durchaus für die Essigproduktion geeignet und liefern darüber hinaus interessante oder sogar exotische Essige. Hier ein Rezept für einen Quitten-Calvadosessig.

Quitten-Calvadosessig

2 TL	Frusip's Quitte
400 ml	Wasser
100 ml	Calvados (40 %)
50 ml	Essigmutter

Frusip's in Wasser lösen, Calvados zufügen, umrühren und Essigmutter zusetzen. Die Zubereitung erfolgt wie für Weinessig ab *Seite 29* beschrieben.
Der Essig hat einen vollmundig-sauren Geschmack nach Äpfeln. Sein Aroma paßt ausgezeichnet in eine Marinade zu Rehrücken oder anderen Wildgerichten. Aus der Marinade läßt sich später eine Calvadossauce herstellen. Dazu den Bratensatz einfach zu gleichen Teilen mit Essig und Wasser ablöschen und etwas andicken, zum Beispiel mit Konjac-Konzentrat.

Süß-saurer Waldbeerenessig

2 TL	Frusip's Aronia
350 ml	Wasser
150 ml	Waldbeerenlikör (28 %)
50 ml	Essigmutter

Frusip's Aronia in Wasser lösen, Waldbeerenlikör zufügen, umrühren und Essigmutter zusetzen. Die Zubereitung erfolgt wie für Weinessig ab *Seite 29* beschrieben.
Der Essig hat einen süß-säuerlichen Geschmack nach Beeren und eignet sich für die Herstellung von fruchtigen Fleischmarinaden, zum Beispiel zu Wild, oder aber als Basis für ein Erfrischungsgetränk.

Abb. 6: Quitten-Calvadosessig

Aromaessige mit Frusip's

Im Gegensatz zur Essigherstellung aus alkoholischen Getränken ist ein Aromaessig relativ einfach und schnell hergestellt. Zum Aromatisieren eignet sich ein preisgünstiger Haushaltsessig, bei dem es sich sowohl um Weinessig als auch um Obst- beziehungsweise Apfelessig handeln kann. Besonders einfach ist das Aromatisieren mit unseren Frusip's. Frusip's sind die Fruchtsirupkonzentrate der Hobbythek, die ohne Zusatz von Haushaltszucker hergestellt werden.
Wir haben jeweils nur kleine Mengen Frusip's-Essig angesetzt, da sich durch die große Vielfalt der Frusip's-Sorten viele Variationen eröffnen, die Sie versuchen sollten. Pro 100 Milliliter Essig sollte ein Teelöffel Frusip's 1:40 oder entsprechend zwei Teelöffel Frusip's in der Verdünnung 1:20 zugesetzt werden. Welchen Essig man als Basis wählt, ist letztlich eine Geschmacksfrage. Für den Geschmack der fruchtigen Frusip's bietet sich ein Obstessig an, aber es geht durchaus auch mit dem kräftigeren Weinessig. Sie können den Essig direkt nach dem Ansetzen verwenden.

Abb. 7

Ballaststoffhaltige Aromaessige

In den folgenden Rezepten sind auch einige Anregungen enthalten, wie die verdauungsfördernden Ballaststoffe der Hobbythek im Essig verwendet werden können. Es eignen sich hier Oligofruct, Inulin und Ballastsüße. Inulin und Oligofructose sind lösliche Ballaststoffe aus der Zichorie, die Ballastsüße ist ein Gemisch aus Süß- und Ballaststoffen, wobei es sich bei den Ballaststoffen um die löslichen Stoffe Oligofructose und Gummar HT handelt. Gummar HT ist leicht wasserlösliches *Gummi arabicum*, ein Pflanzenharz aus afrikanischen Akazien. Bei dem Süßstoff handelt es sich um Acesulfam. Inulin trübt den Essig etwas, während Oligofruct und Ballastsüße sich klar lösen.

Frusip's-Essig Ananas

1 TL	Inulin
100 ml	Obstessig
2 TL	Frusip's Ananas

Inulin im Obstessig lösen und Frusip's zugeben. Frusip's Ananas flockt leicht in dem Essig aus. Der Essig schmeckt extrem mild und eignet sich gut als Essigtrunk. Je nach Geschmack werden dafür zwei Eßlöffel Essig vorsichtig (schäumt!) mit Sprudelwasser aufgefüllt. Der Ballaststoff Inulin unterstützt zusätzlich die Verdauung.

Frusip's-Essig Rote Traube

1 TL	Oligofruct
100 ml	Obstessig
2 TL	Frusip's Rote Traube

Oligofruct im Obstessig lösen, dann Frusip's zugeben. Der rote klare Essig hat einen angenehm fruchtigen Geschmack. Er eignet sich gut für Obstsalate, als Essigtrunk, aber auch zur Verfeinerung von Saucen zu Wildgeflügel, zum Beispiel Fasanenbrust oder Flugente, sowie zu Wildschweinbraten.

Frusip's-Essig Blutorange

1 TL	Ballastsüße
100 ml	Obstessig
2 TL	Frusip's Blutorange

Ballastsüße in Obstessig lösen, Frusip's Blutorange zugeben. Dieser rote Essig eignet sich gut für Obstsalate oder als Essiggetränk. Wir haben daraus die leckere Sauce ibizaise (siehe *Seite 71*) zubereitet, die zu frischem Spargel, Artischocken oder auch Gegrilltem gereicht wird. Die Ballastsüße unterstützt hier nicht nur die Verdauung, sondern mildert durch ihre Süßkraft auch die Säure des Essigs ab.

Fruchtige Aromaessige

Frusip's-Essig Himbeere

1 TL	Frusip's Himbeere
100 ml	Obstessig

Frusip's und Obstessig vermischen. Dieser Essig ist schon beim bloßen Hinschauen eine Freude, denn er ist tiefrot und klar. Der sauer-fruchtige Geschmack eignet sich gut zum Einlegen von Fleisch, würzt leicht angesäuerte Fleischsaucen, paßt aber auch sehr gut zu Salaten mit Walnüssen oder Salatsaucen mit Walnußöl.

Frusip's-Essig Quitte

1 TL	Frusip's Quitte
100 ml	Obstessig

Frusip's und Obstessig vermischen. Der klar-gelbe Essig hat einen aromatisch-erdigen Geschmack. Quitten enthalten sehr viel Vitamin C, deshalb werden die Früchte manchmal auch als „Zitronen des Nordens" bezeichnet. Frusip's Quitte ist eine ganz neue Frusip's Sorte, die – wie wir meinen – einen besonderen aromatischen Geschmack aufweist. Der delikate Quittenessig paßt gut zu hellen Fleischgerichten wie etwa Hähnchen oder Pute. Das Thanksgiving Menü der Amerikaner, zu dem traditionell Truthahn gehört, läßt sich zum Beispiel mit Quittenessig an der Sauce delikat verfeinern.

Frusip's-Essig Apfel-Cranberry

2 TL	Frusip's Apfel-Cranberry
100 ml	Obstessig

Abb. 8

Frusip's mit Obstessig mischen. Der goldbraune Apfelessig schmeckt sehr gut und eignet sich zur Zubereitung von geschnetzelten Geflügel- oder Schweinefleischgerichten mit fruchtigen Einlagen sowie als Essigtrunk und Salatessig.

Frusip's-Essig Zitrone-Limette

1 TL	Frusip's Zitrone-Limette
100 ml	Obstessig

Frusip's mit Obstessig mischen. Der hellgelbe, leicht trübe Essig hat einen angenehm sauer-frischen Geschmack. Er eignet sich hervorragend zur Verfeinerung von Saucen für Obst- und Blattsalate. Der typische Limettengeschmack erinnert an die ägyptisch-sudanesische Küche. Dort werden Salate fast immer mit Limonensaft angerichtet. Ebenso bereichert das fruchtig-säuerliche Aroma Genüsse der edlen Gourmetküche wie Krusten- und Schalentiere oder feine Fischgerichte.

Ansatzessige mit Früchten, Kräutern und Gewürzen

Die Zubereitung von Ansatzessigen ist denkbar einfach: Die Früchte, Gewürze oder Kräuter mit Essig übergießen und mindestens zwei Wochen reifen lassen. Manche Zutaten sind nach dieser Zeit sehr ausgelaugt und sehen nicht mehr besonders appetitlich aus. Himbeeren

Abb. 9

haben zum Beispiel ihre Farbe an den Essig abgegeben, und während dieser in einem tiefen Rot erstrahlt, sehen die Früchte bläßlich-grau aus.
Wenn Sie einen der folgenden Essigansätze verschenken wollen, sollten Sie ihn nach der Ansatzzeit filtrieren und noch einmal frische Kräuter oder Früchte zugeben.

Ansatzessig Apfel-Melisse

½ l	Obstessig
2	kleine Äpfel, geschält und kleingeschnitten
10–20	Blättchen Zitronenmelisse

Die Melisse verleiht dem Essig einen frischen Geschmack. Er eignet sich hervorragend für die Sommerküche in Kombination mit Joghurt-Sahne-Dressings, die als Salatsauce oder einfach nur zum Dippen genossen werden können.

Ansatzessig Birne-Zimt

½ l	Obstessig
1	Birne, geschält und kleingeschnitten
2	Zimtstangen

Die Birne verleiht dem Essig einen milden Geschmack, die Zimtstangen geben ihm eine winterliche Note. Gerade in der Weihnachtszeit ist diese Kombination ein absolutes Muß, da der Geschmack von Birnen und Zimt der Weihnachtgans das typisch festliche Flair verleihen. In der wärmeren Jahreszeit kann ein Schuß dieses Essigs einer Bowle das perfekte Aroma geben.

Ansatzessig Himbeere oder Blaubeere

½ l	Weißweinessig
50–100 g	Himbeeren oder Blaubeeren
	evtl. Kräuter, z. B. Basilikum, Rosmarin

Abb. 10: Ansatzessig Apfel-Melisse

Abb. 11:
Ansatzessig Himbeere

Sie können frische oder tiefgekühlte Früchte verwenden. Dieser Essig erhält durch die Himbeeren schnell eine wunderschöne rote Farbe. Der Blaubeeressig wird intensiv dunkelviolett und färbt zum Beispiel marinierte Pilze interessant ein. Eine pikante Note bekommen diese Fruchtessige, wenn man sie mit Kräutern kombiniert, zum Beispiel Himbeer-Basilikum- oder Blaubeer-Rosmarin-Essig.

Ansatzessig Orange-Ingwer

½ l	Obstessig
1	Orange, kleingeschnitten
2 EL	Ingwer, in kleinen Stückchen

Der frische Essig eignet sich für Sommersalate und gibt orientalischen Saucen ihre spezielle Note.

Ansatzessig Limette

½ l	Weißweinessig oder Champagneressig
2	Limetten

Die Limetten waschen, am besten mit GeO-Wash HT, dem Gemüse- und Obstwaschmittel der Hobbythek, in feine Scheiben schneiden und mit Essig aufgießen. Besonders exklusiv wird dieser Essig, wenn Sie Champagneressig verwenden. Wir empfehlen sein spritzig-frisches Aroma für einen Geleeaufstrich oder zu Fischgerichten, zum Beispiel unserem Edelfisch-Ragout (siehe *Seite 83*).
In einem dekorativen Fläschchen eignet sich der Ansatzessig Limette wunderbar als Geschenk.

Ansatzessig Rose

½ l	Weißweinessig
10–20 g	frische Rosenblätter

Wer im eigenen Garten Rosen zieht, der sollte unbedingt einmal diesen ungewöhnlichen Essig ansetzen. Von der Verwendung gekaufter Rosen müssen wir jedoch dringend abraten, weil diese meist gespritzt sind.
Die Rosenblätter verleihen dem Essig ein intensives, parfumartiges Aroma, das besonders gut zu frischen Salaten paßt oder aber zu einer köstlichen süßen Versuchung, den Essigtrüffeln (siehe *Seite 87*).

Abb. 12:
Ansatzessig Rose

Ansatzessig Quitte

½ l	Obstessig
1	Quitte, geschält und kleingeschnitten
2 TL	Gewürznelken
2 TL	Ingwerstückchen, kleingeschnitten

Der klare goldgelbe Essig schmeckt sehr mild. Er läßt sich in Essig-Öl-Marinaden zu hellem Fleisch kombinieren.

Ansatzessig „Weihnacht"

½ l	Obstessig
1	Orange, in Scheiben geschnitten
5 EL	Rosinen
4	Zimtstangen
1 TL	Nelken
5	Anissterne

Die Orange flockt im sonst klaren, hellbraunen Essig etwas aus. Er eignet sich für die weihnachtliche Küche, zum Einlegen von Fleisch sowie für dunkle Fleischsaucen und unser Kürbis-Chutney „Halloween" (siehe *Seite 67*).

Ansatzessig Feige

½ l	Weißweinessig
15–20	getrocknete Feigen, kleingeschnitten

Abb. 13: Ansatzessig „Weihnacht"

Der leicht trübe, gelbstichige Essig bekommt durch die vielen Feigenstückchen ein stark süßlich-saures Aroma. Die Feigenstückchen sind außerordentlich delikat und können in den Rezepten mitverwendet werden. Dieser Essig verleiht Gerichten einen orientalischen Charakter. Wir fanden ihn hervorragend für einen in der Geschmacksnote völlig neuartigen Sauerbraten à la Hobbythek (siehe *Seite 81*).

Ansatzessig Walnuß

½ l	Rotweinessig
50–100 g	halbe Walnüsse

Dieser Essig ist braun-violett gefärbt und wirkt dadurch etwas unappetitlich. Wer sich davon nicht abschrecken läßt, kann das einmalige Aroma dieser Essigkreation genießen. Walnußessig eignet sich für Sommersalate und gibt Marinaden für Fleischgerichte den besonderen Pfiff.

Ansatzessig Dill

½ l	Weißweinessig
	mehrere Zweigchen Dill (frisch oder TK)
3 EL	Kapern

Der klare Kräuteressig sieht besonders schön aus. Sein Geschmack ist sehr frisch. Er eignet sich gut für Salate mit Kräuter- oder Joghurtdressing, aber auch für Kartoffelsalate. Vorzüglich schmeckt er auch als Komponente in einer Dill-Senf-Sauce, die traditionell zu Räucherlachs oder Graved Lachs gereicht wird.

Ansatzessig Petersilie

½ l	Weißweinessig
1 Strauß	Petersilie

Der klargelbe Essig duftet intensiv nach Petersilie und schmeckt sehr lecker. Er paßt gut zu Tomaten und allen Gerichten, die einen leichten Petersiliengeschmack gut vertragen wie Suppen oder Salatsaucen. Petersilienessig säuert auch hervorragend Eintöpfe, insbesondere Bohneneintöpfe, an.

Abb. 14: Ansatzessig Walnuß

Ansatzessig Estragon

½ l	Weißweinessig
	frische Estragonzweige
2	Schalotten, in feine Spalten geschnitten

Estragon verleiht dem Essig ein intensives Kräuteraroma, mit dem sich Saucen köstlich verfeinern lassen. Dieser Essig ist ein Muß bei der Herstellung der berühmten Sauce Béarnaise (siehe *Seite 70*).

Ansatzessig „Provence“

½ l	Rotweinessig
3–5	Knoblauchzehen
1 Zweig	Basilikum
1 Zweig	Thymian
1 Zweig	Rosmarin

Der klare Essig hat einen intensiv-strengen Knoblauchgeschmack und ist ein wahrer Genuß für alle Liebhaber der gesunden Knolle. Statt der frischen Kräuter lassen sich auch getrocknete einsetzen, in diesem Fall zwei bis drei Eßlöffel Kräutermischung „Provence“ hinzugeben. Der Ansatzessig „Provence“ paßt zu Feldsalat, aber auch in Bohneneintöpfe und an deftige Kartoffelspeisen.

Abb. 15: Ansatzessig „Provence“

Ansatzessig Knoblauch

½ l	Obstessig
2	Knoblauchzehen
½ Bündel	Zitronengras, in Streifen geschnitten, oder Schale einer Zitrone
2 EL	frische Ingwerstücke

Der klare Essig riecht intensiv nach Knoblauch. Ingwer und Zitronengras runden den Geschmack ab. Der Essig eignet sich besonders zur Zubereitung asiatischer Gerichte.

Ansatzessig Chili

½ l	Rotwein- oder Weißweinessig
2	rote Chilischoten, in Längsstreifen geschnitten
2	Knoblauchzehen
1 EL	Pfefferkörner

Es empfiehlt sich, den Ansatz zwischendurch immer wieder zu probieren. Ist er Ihnen feurig genug, sollten Sie die Zutaten abfiltrieren. Dieser Essig verleiht mexikanischen Gerichten und Dips die besondere Schärfe. Er ist aber auch die richtige Grundlage für eine feurige Chili con Carne.

Ansatzessig Lorbeer-Pfeffer

½ l	Weißweinessig
1	Lorbeerzweig
1 EL	Wacholderbeeren
2 EL	Pfefferkörner

Achtung: Dieser Essig wirkt durch die Wacholderbeeren harntreibend. Er ist bitter-würzig und eignet sich besonders für Saucen und mariniertes Gemüse.

Ansatzessig Zimt-Tomate

½ l	Weißweinessig
5 EL	Tomatenmark
4	Zimtstangen

Der intensiv rote, trübe Essig sollte vor dem Gebrauch geschüttelt werden. Er schmeckt mild und eignet sich zu eigenwilligen Kompositionen nach skandinavischen Rezepten. So können zum Beispiel Matjes oder Heringe darin eingelegt werden. Er paßt aber auch als „Sauce“ zu Bratkartoffeln oder Pommes frites.
Die Zimt-Tomaten-Kombination verleiht jeder Speise eine eigentümliche besondere Note.

Abb. 16: Ansatzessig Lorbeer-Pfeffer

Öl – edler Tropfen für Gesundheit und Geschmack

Fett ist nicht gleich Fett

Fett hat in unserer Zeit einen schlechten Ruf. Wer zuviel Fett zu sich nimmt, der wird dick und krank. Doch Fett ist nicht gleich Fett.
In unserer Ernährung sind Fette die Hauptenergielieferanten. Sie haben mit ca. neun Kilokalorien (kcal) pro Gramm einen mehr als doppelt so hohen Energiegehalt wie Kohlenhydrate und Proteine, die lediglich etwa vier Kilokalorien pro Gramm liefern. Dies spricht gegen Fett, doch dabei handelt es sich nur um die halbe Wahrheit. Denn wenn ein Mensch überhaupt keine Fette zu sich nehmen würde, etwa um besonders schlank zu werden, so würde er schwere Mangelerscheinungen wie Hautveränderungen und gesteigerte Infektionsempfindlichkeit entwickeln. Besonders schwerwiegende Symptome zeigen sich bei unzureichender Aufnahme essentieller Fettsäuren im Säuglings- und Wachs-

Abb. 1

tumsalter. Hier können Wachstumsverzögerungen und schwere Entwicklungsstörungen im Gehirn auftreten. Essentielle Fettsäuren sind solche, die der Körper selbst nicht herstellen kann, sondern von außen aufnehmen muß. Dazu zählen zum Beispiel Linol- und Linolensäure. Viele Pflanzenöle sind besonders gute Lieferanten dieser essentiellen Fettsäuren.
Fette haben in unserer Ernährung noch weitere wichtige Funktionen: Sie sind Energiespeicher, Geschmacksträger und versorgen unseren Körper mit den wichtigen Vitaminen A, D, E und K. Diese sind fettlöslich (lipophil) und in vielen Fetten bereits natürlich vorhanden. Fette übernehmen in Speisen aber auch eine Transportfunktion für darin enthaltene Vitamine. Ein Beispiel: Karotten enthalten sehr viel Beta-Carotin, eine Vorstufe des Vitamin A. Dieses Beta-Carotin kann vom Körper jedoch kaum aufgenommen werden, dazu wird Fett benötigt. Ein Teelöffel Öl an gedünsteten Karotten oder am Möhrensalat löst das Problem und macht das Carotin für unseren Körper verfügbar.

Natürlich wollen wir an dieser Stelle nicht die Lanze für fette Saucen, Braten oder ähnliches brechen. Es kommt vielmehr darauf an, wieviel und welche Fette wir zu uns nehmen. Bei einer üblichen Ernährungsweise essen wir sowohl Fette aus tierischen Produkten als auch pflanzlichen Ursprungs. Es handelt sich dabei nicht nur um sichtbare Fette wie Butter, Margarine oder Öl, denn ungefähr die Hälfte der Fette, die wir zu uns nehmen, sind sogenannte versteckte Fette, die in Lebensmitteln wie Käse, Wurst, Fleischwaren, Gebäck, Nüssen usw. enthalten sind. Entscheidend ist neben der Menge allerdings auch die Qualität des Fettes.

Manche Fette belasten lediglich unseren Körper und machen tatsächlich nur dick. Andere liefern dagegen viel essentielle Fettsäuren und sind deshalb außerordentlich wichtig. Leider ist es gar nicht so einfach, sich bei der Vielfalt der Fette und Öle zurechtzufinden. Die Berichte in den Medien sind darüber hinaus sogar manchmal widersprüchlich. Mal wird nur Margarine als gesund bezeichnet, dann wiederum ist es die Butter, und in wieder anderen Blättern steht geschrieben, daß man sich am besten nur von Olivenöl ernähren sollte. In diesem Zusammenhang fallen so verwirrende Begriffe wie Omega-3-, cis- oder trans-Fettsäuren. Der Laie ist nun vollends verwirrt und weiß nicht mehr, für welches Fett er sich entscheiden soll. Bevor wir die verschiedenen Fette vorstellen, sollen deshalb an dieser Stelle erst einmal die Begriffe, die quasi als Namensschild oder Etikett der Fettsäuren in Ölen und Fetten dienen, und deren Bedeutung geklärt werden.

Kleine Fettchemie

Ob Sonnenblumenöl, Rindertalg oder Butter: Unsere Speisefette sind, chemisch gesehen, sehr ähnlich aufgebaut. Sie bestehen in der Regel zu ca. 95 Prozent aus sogenannten Triglyceriden.

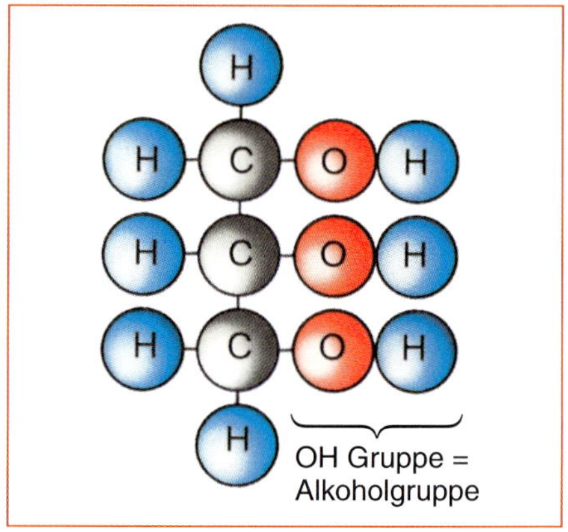

Grafik 1: Strukturformel des Glycerins

Hinter diesem Namen verbirgt sich einmal Glycerin, das viele von uns aus dem Haushalt kennen. Glycerin ist ein dreiwertiger Alkohol (es ist dickflüssig, berauscht nicht und eignet sich auch nicht zum Trinken). Kennzeichen dafür sind seine drei alkoholischen OH-Gruppen, die ihm einen leicht süßen Geschmack verleihen. Beim Fett ist dieser nicht mehr vorhanden, denn die alkoholischen Gruppen haben mit jeweils einer Fettsäure reagiert. Der Chemiker spricht davon, daß die Fettsäuren mit den alkoholischen Gruppen des Glycerins einen Ester bilden (als Ester bezeichnen Chemiker eine Verbindung aus Säuren und Alkoholen unter Bildung von Wasser). Die Fettsäuren bestehen aus Kohlenstoffketten, Wasserstoff und Sauerstoff. Ob diese Verbindung aus Glycerin und Fettsäuren nun als festes Fett oder Öl

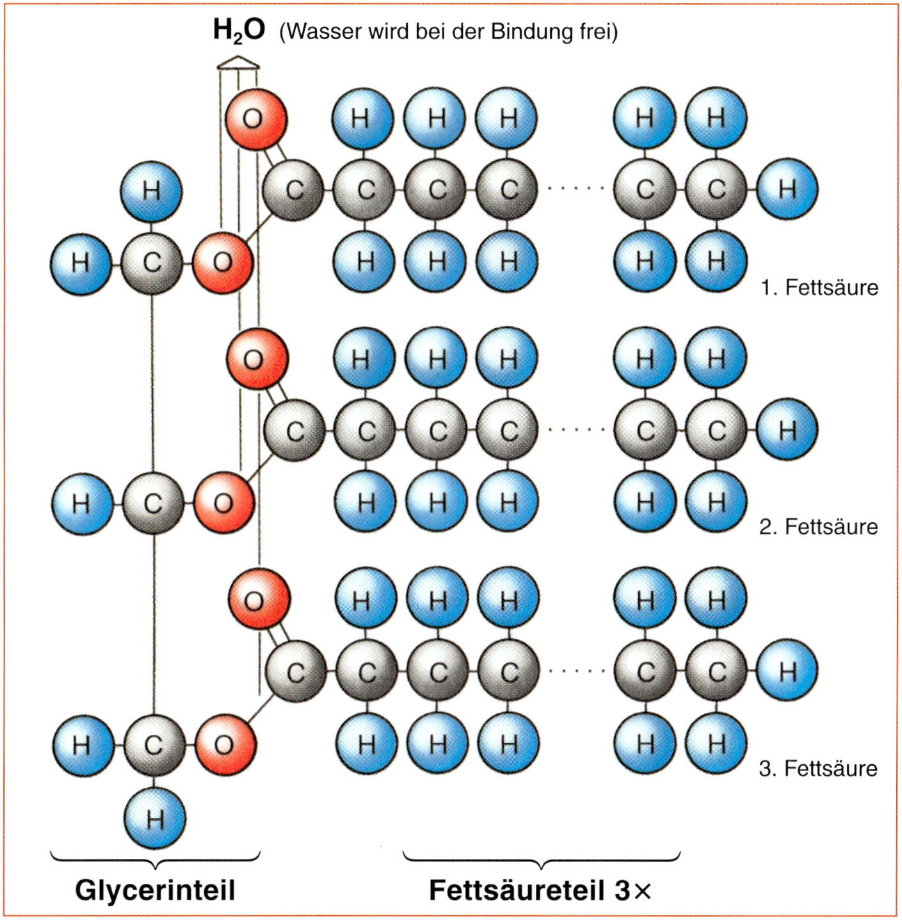

Grafik 2: Glycerin kann drei Fettsäuren binden. Dann bildet sich ein Triglycerid, der Hauptbestandteil der Fette und Öle.

vorliegt, ist zum einen von der Länge der verschiedenen Fettsäuren und zum anderen von der Art der Kette abhängig. Bleiben wir zunächst bei der Länge. Die Fettsäureketten können sehr kurz sein, so ist beispielsweise die Buttersäure nur vier Kohlenstoffatome lang. Wie der Name andeutet, finden wir sie in Butter, aber auch in anderen tierischen Fetten. Sie ist auch in altem Schweiß enthalten und stinkt fürchterlich! Pflanzenfette dagegen besitzen in der Regel Fettsäuren mit längeren Kohlenstoffketten. Typischer Vertreter ist unter anderem die Laurinsäure mit zwölf Kohlenstoffatomen im Kokosfett oder Linolsäure mit 18 Kohlenstoffatomen im Sonnenblumenöl. Natürlich gibt es noch sehr viel mehr Fettsäuren mit unterschiedlicher Kettenlänge. Die Länge der Fettsäuren bestimmt übrigens, ob ein Fett bei Raumtemperatur fest ist oder flüssig als Öl vorliegt. Kurze Fettsäuren bedingen feste Fette, lange Fettsäuren verflüssigen ein Fett. Doch die Kettenlänge ist nur ein Aspekt bei der Beschaffenheit von Fetten. Es kommt auch auf die Art der Kette an. Entscheidend ist, ob die jeweilige Fettsäure gesättigt oder ungesättigt ist. Ungesättigte Fettsäuren senken den Schmelzpunkt eines Fettes, das heißt auch in diesem Fall werden die Fette flüssiger. Aber was verbirgt sich hinter diesen Begriffen gesättigt und ungesättigt?

Der Ausdruck ungesättigt meint, daß die Kohlenstoffkette der Fettsäure eine Doppelbindung enthält, also noch freie Reaktionsstellen im Molekül vorhanden sind. Würde die Doppelbindung aufklappen, so könnten zwei Wasserstoffatome angelagert werden. Die ungesättigte Fettsäure hat also „Hunger" auf Wasserstoff. Diesem Hunger gibt sie allerdings nicht so ohne weiteres nach, erst besondere Bedingungen führen, wie wir noch sehen werden, zum „Einverleiben" der Wasserstoffmahlzeit (siehe *Seite 43*).

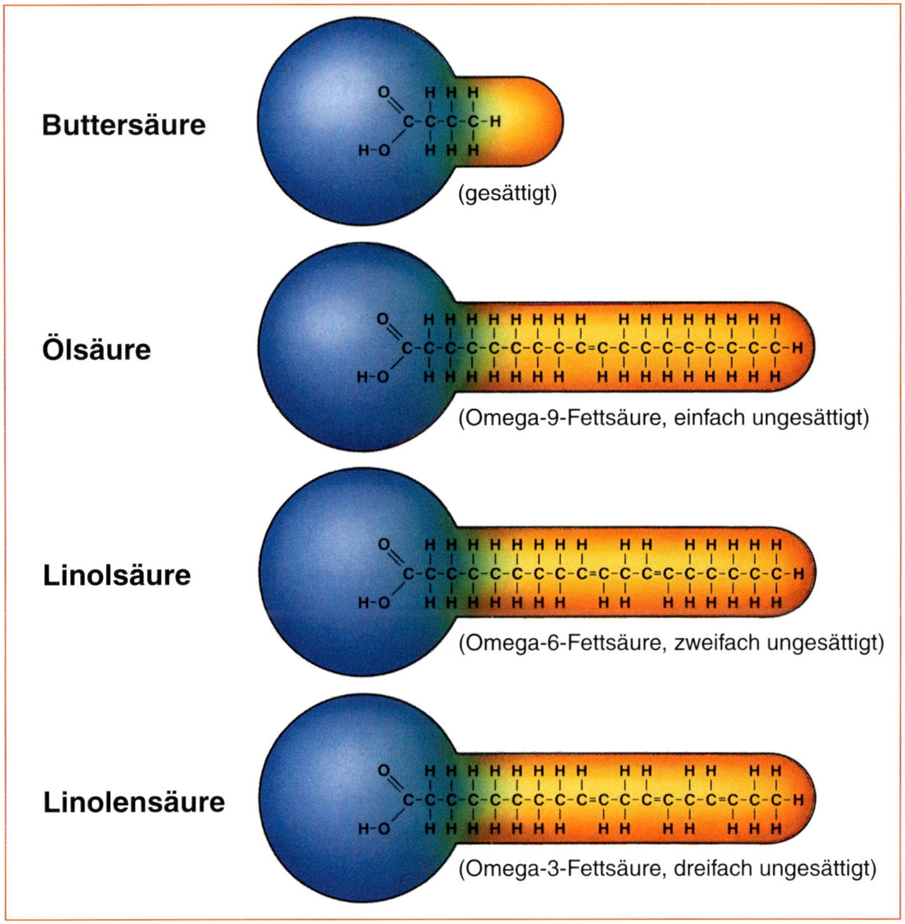

Grafik 3: Fettsäuren unterscheiden sich in der Länge sowie in der Anzahl und Lage ihrer Doppelbindungen.

Nun gibt es einfach, doppelt und mehrfach ungesättigte Fettsäuren. Einfach ungesättigte haben eine Doppelbindung, doppelt „hungrige" haben zwei Doppelbindungen und mehrfach ungesättigte Fettsäuren haben sogar noch mehr als zwei Doppelbindungen. Dies sagt uns allerdings noch nichts über die Lage der Doppelbindungen aus. Um diese zu charakterisieren, benutzen die Ernährungswissenschaftler den griechischen Buchstaben Omega, den letzten im Alphabet. Mit diesem bezeichnet man das letzte Kohlenstoffatom am Ende der Fettsäurekette, quasi ihren Schwanz. Das letzte Kohlenstoffatom dieser Kette – Omega – trägt die Ziffer 1. Von hier an zählt man die Kohlenstoffatome in Richtung Kopf – der Säuregruppe – bis zur ersten Doppelbindung. Geht das dritte Kohlenstoffatom eine Doppelbindung ein, spricht man von einer Omega-3-Fettsäure, beim sechsten in Richtung Kopf handelt es sich um eine Omega-6-Fettsäure. In unserer Nahrung sind die Omega-6-Fettsäuren besonders stark vertreten. Typische Omega-6-Fettsäuren sind die Linolsäure im Pflanzenöl und die Arachidonsäure im Fleisch und in tierischen Fetten.

Linolsäure

Die empfehlenswerte Zufuhr der essentiellen Fettsäure Linolsäure, eine Omega-6-Fettsäure, liegt für Erwachsene bei zehn Gramm pro Tag. Einen hohen Gehalt an Linolsäure haben einige Pflanzenöle: Sonnenblumen-, Maiskeim-, Soja- und Distelöl. Hier einmal eine Aufstellung, wieviel Fett Sie essen müßten, um diesen Wert zu erreichen.

Fett	10 g Linolsäure sind enthalten in
Sonnenblumenöl	15 g
Diätmargarinen	25 g
Olivenöl	130 g
Butter	550 g

Omega-3-Fettsäuren finden sich besonders in Fischölen, zum Beispiel in Lebertran, aber auch im Leinöl. Typische Omega-3-Fettsäuren sind die Eicosapentaensäure (EPA) und die α-Linolensäure. Omega-9-Fettsäuren tragen sogar erst am neunten Kohlenstoffatom vom Ende her gesehen ihre erste Doppelbindung. Typische Vertreter dieser Klasse sind die Ölsäure und die Erucasäure. Im Gegensatz zu den vorher genannten Beispielen tragen diese Fettsäuren nur eine Doppelbindung, sie gehören also überdies in die Gruppe der einfach ungesättigten Fettsäuren. Die häufigste in den üblichen Nahrungsfetten vorkommende einfach ungesättigte Fettsäure ist die Ölsäure. Ganz besonders hoch ist ihr Anteil übrigens im Olivenöl.

Doch egal ob Omega-3-, -6- oder -9-Fettsäuren – quasi jede natürlich vorkommende Fettsäure besitzt eine gerade Anzahl von Kohlenstoffatomen. Dies liegt an den Synthesewegen im Pflanzen- und Tierreich, denn dort werden nur Bausteine mit zwei Kohlenstoffatomen (Essigsäurereste) verwendet.

Fette natürlich und technisch umgebaut

Mit Hilfe von Katalysatoren können die Doppelbindungen auch in Einfachbindungen umgewandelt werden. Das geschieht zum Beispiel industriell bei der Fetthärtung. Die Doppelbindungen werden aufgeklappt und Einfachbindungen bleiben zurück. Diese sind im Gegensatz zu Doppelbindungen auch bei höheren Temperaturen stabil. Unsere typischen Back-, Brat- und Fritierfette und zum Teil auch noch Margarinen bestehen aus solchen gehärteten Fetten.

Allerdings können bei diesem Härtungsprozeß einerseits die sogenannten trans-Fettsäuren (siehe *Seite 45*) entstehen, andererseits fallen der Härtung wertvolle Vitamine, die normalerweise in Ölen vorkommen, zum Opfer. Bei Bratöl oder Fritierfett kann man dies tolerieren, für Margarinen ist dieser Prozeß jedoch völlig überflüssig. Heute gibt es bereits eine Reihe von ungehärteten Margarinen, die viele essentielle Fettsäuren und Vitamine enthalten. Diese werden aufgrund ihrer Sauerstoffempfindlichkeit schneller ranzig als gehärtete Margarinen und dürfen aus den auf *Seite 50 f.* genannten Gründen nicht zum Braten, Backen oder Fritieren verwendet werden. Diese Margarinen werden häufig als Diätmargarinen bezeichnet. Der Ausdruck Diät sollte hier keinesfalls abschreckend wirken, denn sie schmecken ausgezeichnet und sind besonders cremig.

Margarine – eine französische Idee

Im Jahre 1869 schrieb die französische Regierung unter Napoleon III. einen Wettbewerb aus, um auf diese Weise ein Ersatzfett für die recht teure und knappe Butter zu finden. Der Franzose H. Meges Mouriès machte das Rennen mit einem streichfähigen Fett aus Rindertalg und Wasser. Ausgehend von der damaligen Meinung, daß in der von ihm verwendeten Rinderfettfraktion „oleo margarin" die Margarinsäure, eine gesättigte Fettsäure mit 17 Kohlenstoffatomen, vorherrschte, nannte man den Butterersatz fortan „Margarine". In den vielen Jahren, die seitdem vergangen sind, hat sich die Margarine stark gewandelt. Heutzutage ist sie weder ausschließlich Butterersatz noch enthält sie zwingend tierische Fette. Die freie Wahl der zugrundeliegenden Fette macht eine Vielfalt an Margarinesorten möglich, die ganz speziell auf die besonderen Verwendungszwecke als Streichfett oder in der Brat- und Backindustrie ausgerichtet sind.

Bei Margarine handelt es sich um eine Wasser-in-Öl-Emulsion mit 80 Prozent Öl und 20 Prozent Wasser; bei fettreduzierten Sorten verringert sich der Ölanteil zugunsten des Wassers. Besonders hochwertige Margarinen entstehen unter Verwendung pflanzlicher Fette mit einem möglichst hohen Anteil ungesättigter Fettsäuren. Allerdings werden bei der gewöhnlichen Margarineherstellung die zugrundeliegenden Öle meist wie *links* beschrieben vorbehandelt, oftmals gehärtet oder teilweise gehärtet, umgeestert und zu guter Letzt mit verschiedenen Emulgatoren, Aromastoffen, Konservierungsmittel usw. versetzt. Dabei gehen natür-

lich viele der gesunden Eigenschaften verloren.
Eine Alternative zum Industrieprodukt ist unsere selbstgemachte Margarine. Sie läßt sich aus wenigen Inhaltsstoffen leicht herstellen. Wir beschränken uns auf Fett beziehungsweise Öl, Wasser, wenig von unserem Emulgator Reinlecithin P und als Antioxidans Vitamin E beziehungsweise Carotinöl.

Gesunde Margarine
(Für 100 Gramm)

20 g	Kakaobutter
1 Msp.	Reinlecithin P
5–10 g	Leinöl
50 g	Sesamöl
3 Tr.	Vitamin E oder Carotinöl
20 ml	Wasser

Kakaobutter ist ein sehr hochwertiges Fett, das aus der Kakaobohne gepreßt wird. Im Normalzustand ist Kakaobutter fest und spröde, ihr Schmelzbereich liegt bei 32 bis 34 °C. Eine besonders positive Eigenschaft ist ihre relativ große Stabilität gegen Ranzigwerden.

Die Kakobutter langsam bei ca. 35 °C schmelzen, Lecithin darin gut auflösen. Die Öle und das Vitamin E oder das Carotinöl zur Kakaobutter geben, dann das Wasser, das die gleiche Temperatur haben sollte, in feinem Strahl in die Fettmischung geben und gut verrühren. Alles in ein Twist-off-Glas füllen, ca. eine Minute schütteln, anschließend in Eiswasser stellen und unter Rühren abkühlen lassen.

Butter – tierische Alternative aufgepeppt

Butter ist ein tierisches Fett und wird in unseren Breiten immer aus Kuhmilch gewonnen. Es handelt sich um eine Emulsion, die zehn Prozent Wasser enthält, zusätzlich sind Eiweiße in der Butter gelöst. Butterreste können noch zur Herstellung von Butterfett verwendet werden: Butter vorsichtig bis zum Sieden erhitzen und währenddessen den Schaum abschöpfen. Zurück bleibt hundertprozentiges Fett, das sich nun gut zum Braten oder Fritieren eignet. Butterfett wird nicht braun, da die dafür verantwortlichen Eiweiße zuvor mit dem Schaum entfernt wurden. Butterschmalz ist übrigens nur ein anderer Name für Butterfett und hat mit Schweineschmalz nichts zu tun.

Abb. 2: Butter oder Margarine – eine schwierige Entscheidung.

Abb. 3: Aufgepeppte Butter, die durch den Zusatz an Pflanzenöl noch gesünder wird.

Grafik 4: Ungesättigte Fettsäuren können in trans- oder cis-Konfiguration vorliegen.

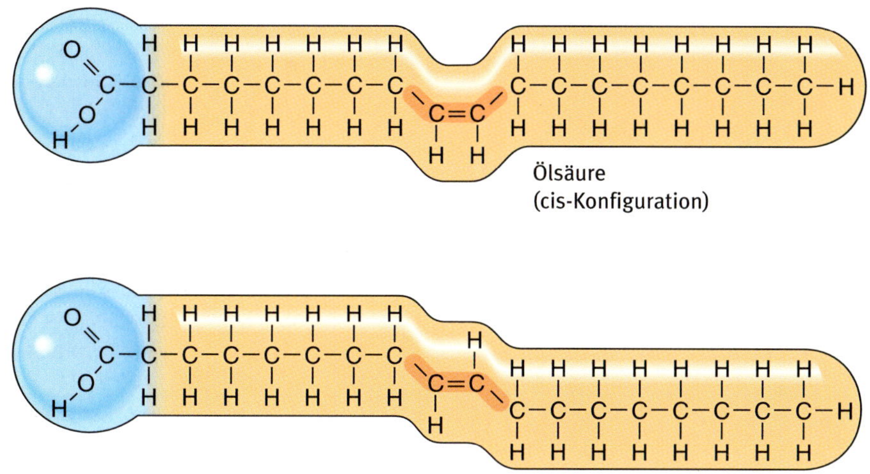

Aufgepeppte Butter

Dies ist das Rezept für eine leckere Butter, die durch den Pflanzenölzusatz streichfähiger und auch noch gesünder wird.

Grundrezept

4 Teile	Butter
1 Teil	Öl nach Geschmack

Die Butter vorsichtig schmelzen. Das zimmerwarme Öl gut unterrühren und das Ganze im Kühlschrank abkühlen lassen.

Frühstücksbutter

100 g	Butter
25 g oder 2–3 EL	Würzöl Feige (siehe *Seite 62*)

Herstellung wie *oben* beschrieben.

Butter als Grillbeilage

100 g	Butter
2 EL	Würzöl Salbei (siehe *Seite 64*)
1 EL	Würzöl Pfeffer (siehe *Seite 63*)

Herstellung wie *oben* beschrieben.

Nach dem gleichen Muster können Sie mit den Würzölen viele verschiedene Buttervariationen nach Ihrem eigenen Geschmack kreieren.

cis- und trans-Fettsäuren – nicht nur ein Problem der Form

Die Doppelbindung bei ungesättigten Fettsäuren nimmt noch in anderer Hinsicht Einfluß auf das Fettsäuremolekül. Während bei der gesättigten Fettsäure die Kohlenstoffkette frei drehbar ist, zwingt die Doppelbindung die Kette in eine bestimmte Form. In der Natur tritt fast ausschließlich die sogenannte cis-Form auf. Hierbei liegen die Molekülstücke vor und hinter der Doppelbindung auf der gleichen Seite. Weiter gibt es noch die sogenannte trans-Form, bei der die beiden Molekülketten einmal in die eine und einmal in die andere Richtung weisen.

Prinzipiell sind für die Fettsäuren beide Zustandsformen möglich. Die für Lebensmittel interessanten Fettsäuren haben je nach cis- oder trans-Zustand sogar verschiedene Namen. Ölsäure ist eine C_{18}-cis-Fettsäure, ihre entsprechende trans-Form heißt Elaidinsäure. Natürlich auftretende trans-Fettsäuren finden sich vor allem in Milch und Fleisch. Dorthin gelangen sie durch im Magen von Wiederkäuern befindliche Mikroorganismen, die solche trans-Fettsäuren in geringen Mengen bilden.

Durch unsere veränderten Eßgewohnheiten mit einem steigenden Verzehr von industriell zubereiteten Fertiggerichten, den sogenannten *Convenience*-Produkten, zu deren Herstel-

Abb. 4: Viele Fertiggerichte, Backwaren, Konfekt, Schokobrotaufstriche oder Snacks enthalten trans-Fettsäuren.

lung gehärtete Fette verwendet werden, ist der Anteil an trans-Fettsäuren in unserer Nahrung in den letzten Jahrzehnten enorm gestiegen.
Auch bei einer Teilhärtung von Ölen und Fetten entstehen trans-Formen. Bei der Teilhärtung werden nur einige, nicht aber alle Doppelbindungen aufgeknackt. Springt nun eine Doppelbindung auf, und die Kohlenstoffatome lagern Wasserstoff an, beeinflußt dies auch die Form der Kette, es entstehen nämlich trans-Formen.

Prinzipiell können beide Formen, also sowohl cis- als auch trans-Fettsäuren, vom Körper aufgenommen werden. Allerdings können ungesättigte Fettsäuren mit trans-Konfiguration im Körper nicht mehr wie essentielle cis-Fettsäuren eingesetzt werden. Während der cis-Form keine negativen Eigenschaften nachgesagt werden können, wird die trans-Form als Risikofaktor für die Entstehung von koronaren Herzkrankheiten diskutiert. So sollen sich trans-Fettsäuren ungünstig auf die Blutfette auswirken. Genau wie die gesättigten Fettsäuren scheinen sie die Konzentration des „schlechten" LDL-Cholesterins zu erhöhen und den Anteil des „guten" HDL-Cholesterins im Blut zu senken.
Tierexperimente bestätigten zwar diese Aussage, doch mußte dazu der Anteil der trans-Fettsäuren in den Versuchen extrem hoch liegen, nämlich bei einem Drittel der gesamten über die Nahrung aufgenommenen Fettsäuren. Dieser Wert wird bei ausgewogener Ernährung praktisch nicht erreicht. Im Schnitt essen die Deutschen ca. vier Gramm trans-Fettsäuren am Tag, wobei die Fettaufnahme insgesamt bei 140 Gramm pro Tag liegt. Damit sind wir allerdings nicht aus der Gefahrenzone. Betrachten wir unsere Nahrung einmal kritisch: trans-Fettsäuren befinden sich in Fast-Food-Gerichten, Backwaren, Salat- und Cocktailsaucen, Snacks, Konfekt, in bestimmten Margarinesorten – kurz gesagt überall da, wo teilgehärtete Fette eingesetzt werden. Der oben genannte durchschnittliche Wert kann demnach von einzelnen Personen je nach Ernährungsweise doch leicht überschritten werden. Besonders bei Kindern, die gegenüber den Erwachsenen einen geringeren Gesamtfettkonsum haben und sich manchmal hauptsächlich von Schokobrotaufstrich, Pommes, Pizza und Chips ernähren, kann der Anteil an trans-Fettsäuren bedenkliche Werte erreichen. Achten Sie deshalb – gerade bei Kindern – auf eine ausgewogene und naturbelassene Ernährung.

Fette tun uns gut

Wenn wir es von der ernährungswissenschaftlichen Seite betrachten, dann gilt die sogenannte „Drittelregel". Das heißt, die Fette, die wir aufnehmen, sollten zu einem Drittel aus gesättigten, zu einem Drittel aus einfach ungesättigten und zu einem Drittel aus mehrfach ungesättigten Fettsäuren bestehen. Um diese Regel einhalten zu können, müssen wir natürlich wissen, aus welchen Fettsäuren die einzelnen Öle bestehen. Zur Übersicht haben wir einzelne Öle charakterisiert und noch einmal in einer Tabelle zusammengefaßt (siehe ab *Seite 52*).

Allerdings ernähren wir uns allgemein zu fett. Mehr als die Hälfte aller Europäer hat zuviel Fett im Blut. Dies kann langfristig zu Ablagerungen an den Gefäßwänden führen, die gefürchtete Arteriosklerose entsteht. Ob ein Mensch an Arteriosklerose erkrankt, hängt allerdings nicht vom Fett allein, sondern von weiteren Faktoren ab. Rauchen und Bluthochdruck steigern das Risiko enorm, Übergewicht oder auch eine erblich bedingte Veranlagung sind ebenfalls begünstigende Kriterien.

Um den „Fettfaktor" günstiger ausfallen zu lassen empfiehlt die „Deutsche Gesellschaft für Ernährung" (DGE), die Richtwerte für Fett von 30 Prozent der Gesamtkalorienzufuhr (für Personen mit leichter bis mittelschwerer Tätigkeit) eher noch zu unterschreiten und bis auf 25 Prozent zu senken. Bei einem durchschnittlichen Kalorienbedarf eines Erwachsenen von 2000 bis 2400 kcal pro Tag wären demnach 65 bis 80 Gramm Fett statt der üblichen 140 Gramm ausreichend.

Die Gefahr der Arteriosklerose läßt sich aber auch durch die Art der aufgenommenen Fette steuern, denn diese nehmen Einfluß auf die Bildung von Cholesterin.

Besonders günstig wirken sich Omega-3-Fettsäuren aus. Diese finden sich in erster Linie in Fischölen (siehe *Seite 59 f.*) und im Leinöl. Pflanzenöle und andere natürliche Nahrungsfette enthalten dagegen in erster Linie Omega-6-Fettsäuren. Da Fisch und Gerichte mit Leinöl bei den meisten Menschen nicht so häufig auf dem Speisezettel stehen, nehmen wir realtiv wenig der wertvollen Omega-3-Fettsäuren zu uns. Nach Empfehlungen der „Deutschen Gesellschaft für Ernährung" (DGE) soll die Aufnahme dieser Fettsäuren knapp verdoppelt werden, das heißt fast doppelt so viele Fischgerichte wie bisher und hin und wieder Leinöl auf dem Speiseplan.

Drittelregel mit Ausnahmen

Nach den neuesten wissenschaftlichen Informationen über gesättigte sowie einfach und mehrfach ungesättigte Fettsäuren (siehe *Seite 48*) darf die von uns zitierte Drittelregel etwas verändert werden. Sowohl die gesättigten als auch die mehrfach ungesättigten Fettsäuren dürfen den Drittelanteil unterschreiten, denn gesättigte Fettsäuren erhöhen den Anteil des schädlichen LDL-Cholesterins und mehrfach ungesättigte Fettsäuren zeigen die Gefahr der Lipidperoxidation und bedingen somit unter Umständen ein erhöhtes Krebsrisiko. Die Menge der einfach ungesättigten Fettsäuren, zum Beispiel Ölsäure aus Olivenöl, soll dagegen gesteigert werden.

Cholesterin im Kreuzfeuer

Cholesterin wurde lange Zeit geradezu verteufelt, und mancher von uns traute sich kaum noch, ein Frühstücksei zu essen, da dieses ja Cholesterin enthält. Je weniger Cholesterin desto besser. Heute sieht die Wissenschaft das jedoch etwas anders, denn Cholesterin ist für unseren Körper zur Bildung von Hormonen, Gallensalzen und Vitamin D unentbehrlich, außerdem ist es Bestandteil von Zellmembranen. Der Körper ist auf den fettähnlichen Stoff angewiesen, kann ihn zum Teil auch selbst produzieren.

Man unterscheidet heute „gutes" HDL- und „schlechtes" LDL-Cholesterin. Dabei handelt es sich um zwei spezielle „Träger", die das Cholesterin im Körper verteilen. Beiden gemeinsam ist der Aufbau aus sogenannten Lipoproteinen, das sind Zusammenschlüsse aus Fett und Proteinen. Der Unterschied liegt in der Höhe des Fettanteils. LDL (engl. „low density lipoprotein" = Lipoprotein mit geringer Dichte) hat, wie der Name schon sagt, eine geringe Dichte, der Anteil an Fettbestandteilen ist hoch. HDL-Cholesterin (engl. „high density lipoprotein") hat dagegen eine hohe Dichte, hier überwiegt der Proteinanteil. Das HDL-Cholesterin ist also das „gute", es richtet in unserem Körper keinen Schaden an, wohingegen das LDL-Cholesterin für Ablagerungen an den Gefäßwänden mitverantwortlich ist.

HDL-Cholesterin lagert sich dagegen auch bei hohem Vorkommen nicht an. Statt dessen wird es zur Leber transportiert, wo das enthaltene Cholesterin zu Gallensäuren abgebaut wird und keinen Schaden mehr anrichten kann.

Auf der Grundlage von ernährungsmedizinischen Gesichtspunkten basiert die folgende Mischung wertvoller Pflanzenöle von Dieter Teske. Dieter Teske ist Chemiker und beschäftigt sich seit Jahren mit Fettchemie und gesunder Ernährung. Die genaue Rezeptur seiner Ölmischung geht auf jahrelange Recherchen zurück.

Ölmischung für die gesunde Küche
Sie eignet sich allerdings nur für die kalte Küche, zum Beispiel zur Zubereitung von gesunden Salaten.

45 ml	Olivenöl
40 ml	Sonnenblumenöl
15 ml	Leinöl

Öle gut verrühren und Salat nach Wahl damit anrichten.

Abb. 5: Mit der Ölmischung von Dieter Teske wird jeder Salat zum gesunden Genuß.

Fette und Krebs

Heute ist die Wirkung mehrfach ungesättigter Fettsäuren gegen Arteriosklerose-Erkrankungen weitgehend belegt, dagegen wird der Einfluß auf mögliche Krebserkrankungen zur Zeit noch untersucht. Experten vermuten, daß eine Überdosierung an mehrfach ungesättigten Fettsäuren bei Frauen das Brustkrebsrisiko erhöhen kann. Erste Befunde könnten weiterhin darauf hinweisen, daß Fette bei der Entstehung von Bauchspeicheldrüsenkrebs, Gebärmutterhalskrebs und weiteren Krebsarten eine wichtige Rolle spielen. Als weitgehend gesichert gilt der Einfluß der Fette auf Darmkrebs. Diese Wirkung wird verstärkt, wenn gleichzeitig kaum Ballaststoffe aufgenommen werden. Das liegt an den Gallensäuren, die in der Gallenflüssigkeit enthalten sind und zum Fettabbau im Dünndarm benötigt werden. Die Abbauprodukte dieser Gallensäuren gelangen zum Teil in den Dickdarm und entfalten dort vermutlich eine kanzerogene, das heißt krebserzeugende, Wirkung. Der Abbau der Gallensäuren wird verzögert, wenn sie durch Ballaststoffe in Gelstrukturen eingebunden sind. Außerdem werden sie so mit dem Stuhl leichter ausgeschieden.
Über die segensreichen Wirkungen der Ballaststoffe haben wir insbesondere in unserem Hobbythekbuch „Darm und Po" ausführlich berichtet. Wir wollen dies an dieser Stelle nicht wiederholen, werden aber natürlich in unsere Rezepte jede Menge Ballaststoffe einfließen lassen.

Speiseöle – gepreßt, gedämpft oder raffiniert

Speiseöle sind fast ausnahmslos pflanzlicher Herkunft. Sie stammen aus Ölfrüchten oder Ölsaaten, kommen als reine Öle aus nur einer Pflanzenart oder als Mischungen unter allgemeinen Namen wie Speise- oder Tafelöl in den Handel. Der überwiegende Teil der Pflanzenöle wird durch Heißpressung mit nachfolgender Extraktion gewonnen. In kontinuierlich arbeitenden Schneckenpressen wird das zerkleinerte angewärmte Material gepreßt. Bei dieser Methode verbleibt allerdings noch ein relativ hoher Anteil an Öl im Preßrückstand, so daß anschließend mit einem Lösungsmittel, zum Beispiel Benzin, weiter extrahiert wird. Dieses muß, um reines Öl zu erhalten, wieder abgetrennt werden, das geschieht mit Hilfe der Destillation. Das so gewonnene rohe Öl enthält jetzt noch verschiedene Begleitstoffe, die bei der nun folgenden Raffination, einer Art „chemischen Reinigung", entfernt werden. Diese Begleitstoffe können arteigene Farb- oder Geruchsstoffe, Schleime und unlösliche Bestandteile sowie Verbindungen sein, die sich negativ auf den Geschmack des Öls auswirken.

Pflanzenöl als Industrieprodukt – die Raffination in fünf Schritten

Wir schildern diesen Prozeß so ausführlich, weil sich raffiniertes Öl praktisch in jedem Haushalt findet, kaum jemand jedoch über den Herstellungsprozeß informiert ist.

1. Entlecithinierung
Lecithin ist ein begehrter Emulgator für die Industrie, es wird zum Beispiel in der Margarineherstellung verwendet. Die Entlecithinierung ist besonders ergiebig bei Soja- und Rapsöl. Durch das Beimischen einer geringen Menge Wasser entsteht eine Emulsion, in deren Grenzschichten sich das Rohlecithin befindet. Dieses wird mit der wäßrigen Phase abgetrennt und durch Abdampfen des Wassers zurückgewonnen. Das Öl erfährt durch die Entlecithinierung keine Qualitätseinbußen.

2. Entschleimung
Feinverteilte Schleimstoffe auf Protein- und Kohlenhydratbasis, die das Öl trübe machen, werden durch den nächsten Schritt, die Entschleimung, abgetrennt. Mit Hilfe von wäßrigen Salz- oder Säurelösungen werden diese Substanzen aus dem Rohöl ausgeflockt und anschließend abfiltriert oder abzentrifugiert (ein schneller Schleudervorgang).

3. Entsäuerung
Weiterhin sind im Rohöl freie ungebundene Fettsäuren enthalten, die den Geschmack des Speiseöls beeinflussen können, denn freie Fettsäuren schmecken leicht kratzig. Viel wichtiger ist ihre Entfernung allerdings noch aus einem anderen Grund: Fettsäuren, die nicht an Glycerin gebunden sind, werden schnell

zu geruchs- und geschmacksintensiven Verbindungen umgebaut und fördern so den Fettverderb. Die Abtrennung erfolgt meist durch Zugabe von Natronlauge, wobei aus den Fettsäuren Seifen entstehen, die mit heißem Wasser ausgewaschen und so aus der Fettphase entfernt werden können.

4. Bleichung
Im nächsten Schritt, der Bleichung, werden Farbstoffe und gesundheitsschädliche Substanzen, zum Beispiel Schwermetalle, entfernt. Hierzu wird das Öl im Vakuum bei Temperaturen um 90 °C mit Aluminiumsilikaten, sogenannten Bleicherden, versetzt. Häufig geschieht dies in Kombination mit Aktivkohle, die die unerwünschten Substanzen bindet. Mehrfach ungesättigte Fettsäuren reagieren in diesem Schritt zu Verbindungen, die charakteristisch für raffinierte Fette sind und auch zu deren Nachweis dienen.

5. Dämpfung
Bei der Dämpfung oder auch Desodorierung werden durch Wasserdampfdestillation bei Temperaturen um 200 °C flüchtige Verbindungen wie unerwünschte Geschmacks- und Geruchskomponenten abgetrennt. Darüber hinaus werden hierdurch aber auch Rückstände von Pestiziden (Unkrautvernichtungsmittel), Insektiziden (Insektenvernichtungsmittel) und weitere gesundheitsgefährdende Verbindungen wie krebserzeugende PCBs (Weichmacher in Kunststoffen) und PAKs (gesundheitsschädliche aromatische Kohlenwasserstoffe) entfernt.

Aus diesem Raffinationsprozeß geht ein meist geruchloses, geschmacklich wenig intensives, hellgelbes klares Öl hervor, das in der Küche sehr flexibel eingesetzt werden kann.

Kaltgepreßte und native Öle

Kaltgepreßte Öle enthalten, da sie schonend gewonnen werden, mehr Vitamine, Geschmacksstoffe und essentielle Fettsäuren als raffinierte. Die kaltgepreßten Öle werden mechanisch aus den Samen gepreßt. Naturkostfirmen bezeichnen heute kaltgepreßte, unraffinierte Öle als „nativ". Diese Öle wurden dann lediglich filtriert, gewaschen und zentrifugiert.

Für welches Öl man sich in der Küche entscheidet, hängt vom Verwendungszweck ab. Kaltgepreßte Öle eignen sich nur für kalte Speisen, zum Beispiel Salate. Da sie niedrige Rauchpunkte haben, fangen diese Öle beim Erhitzen an zu qualmen. Dabei klappen die Doppelbindungen auf und es kommt zu einer unkontrollierten Oxidierung, die als Lipidperoxidation bezeichnet wird. Das Ergebnis dieser Reaktion, die Lipidperoxide, sind ge-

Abb. 1

sundheitsschädlich, begünstigen Arterienverkalkung und können sogar Krebs verursachen.
Lediglich Olivenöl macht hier eine Ausnahme: Wegen seiner vielen einfach ungesättigten Fettsäuren hat es einen hohen Rauchpunkt und darf deshalb auch zum Dünsten und Schmoren verwendet werden. Für die heiße Küche, zum Braten, Fritieren und Kochen sollten raffinierte Öle oder feste Fette, die erheblich hitzestabiler sind, verwendet werden.

Wertvolle Fette werden schneller ranzig

Die Doppelbindungen der ungesättigten Fettsäuren können bei der Lagerung mit Sauerstoff aus der Luft reagieren. Dabei bilden sich sogenannte Hydroperoxide, die sehr schnell weiterreagieren. Die Fettzersetzung nimmt ihren Lauf. Ähnliche Prozesse können übrigens auch mit Fettsäuren in unserem Körper stattfinden. Dabei werden Radikale frei, die unter anderem zu Krebserkrankungen führen können. Vorbeugende Maßnahmen dagegen sind eine gesunde, ausgewogene und vitaminreiche Ernährung oder auch unsere **Antiradixkapseln HT,** die Vitamin C, E, Beta-Carotin und Selen enthalten (siehe „Hobbythek Darm & Po“, *Seite 38*).
Mit ranzigen Fetten ist keineswegs zu spaßen. Öle können vor dieser Oxidation geschützt werden, und zwar mit sogenannten Antioxidantien. Typische Antioxidantien sind Vitamin C und E, Selen und Beta-Carotin, die aufgrund dieser Effekte auch für den menschlichen Organismus Schutzfunktionen übernehmen.
Die Hobbythek hat ein Mittel initiiert, das die Haltbarkeit von Ölen um ca. sechs Monate verlängert. Mit unserem **Antiranz** nutzen wir die Tatsache, daß Vitamine Radikale einfangen und damit auch die Entstehung von Peroxiden verhindern. Dies wird durch hohe Vitamin-C- und -E-Dosierungen gewährleistet. Zusätzlich ist in Antiranz noch ein Speiseemulgator enthalten, der dafür sorgt, daß sich unser Mittel gut im Öl löst.
Wir empfehlen, jedes frisch gekaufte Öl durch den Zusatz mit Antiranz vor dem Ranzigwerden zu schützen. Pro 100 Milliliter Öl sollten vier Tropfen, pro Liter 40 Tropfen Antiranz zugesetzt werden. Antiranz muß im Kühlschrank aufbewahrt werden.

Gute Tropfen aus Öl

Avocadoöl

Avocadoöl ist ein sehr helles, gelblichgrünes Öl mit mild-cremigem Geschmack nach Avocados. Es wird fast nie ranzig, was vermutlich auf seinen hohen natürlichen Gehalt an Vitamin A und E zurückzuführen ist. Weiterhin enthält es die Vitamine B_1 und B_2 sowie Vitamin D. Avocadoöl enthält besonders viele einfache ungesättigte Fettsäuren, vor allem Ölsäure. Es wird wegen seiner hautpflegenden Eigenschaften bei uns nur in der Kosmetikindustrie verwendet.

Abb. 2

Baumwollsaatöl

Baumwollsaatöl entsteht durch Pressen von Baumwollsamen, den winzigen schwarzen „Stipfen“ auf den weißen Baumwollflocken, und stellt somit ein Nebenprodukt des Baumwollanbaus dar. Es enthält hauptsächlich Linolsäure (ca. 50 Prozent) sowie Ölsäure (ca. 20 Prozent) und Palmitinsäure (ca. 20 Prozent). Das reine Öl ist bei uns nicht gebräuchlich, allerdings findet es nach Härtung beziehungsweise Umesterung Verwendung in der Margarineindustrie (siehe *Seite 43*).

Borretschöl

Borretschöl ist ein helles gelblich-grünes Öl, das einen Krautgeschmack besitzt, der leicht an Medizin erinnert. Aus diesem Grund und wegen seines relativ hohen Preises sollte es nur **tropfenweise** verwendet werden, zum Beispiel kann es andere Öle verfeinern. Borretschöl enthält mit ca. 20 bis 25 Prozent extrem viel γ-Linolensäure und wirkt sich deshalb günstig bei Hautproblemen aus (siehe *Seite 60* und Hobbythekbuch „Richtige Ernährung in allen Lebenslagen", *Seite 23*). Borretschöl ist besonders empfindlich gegenüber Luft, Licht, Wärme und Feuchtigkeit.

Carotinöl

Carotinöl ist kein natürliches Öl, sondern in Erdnußöl gelöstes Carotin (0,3 Prozent). Das Carotin färbt das Öl leuchtend orange und verleiht ihm einen frischen Karottengeschmack. Carotinöl ist durch seinen hohen Carotinoidgehalt ein guter Oxidationsschutz für andere Öle. Es kann **tropfenweise** in Ölmischungen, zum Beispiel für Salate, aber auch zum Färben von selbstgemachter Margarine eingesetzt werden. Carotinöl entspricht in seinem Fettsäuremuster Erdnußöl (siehe *Seite 53*).

Öl	Gesättigte Fettsäuren	Einfach ungesättigte Fettsäuren	Mehrfach ungesättigte Fettsäuren
Avocadoöl	15 % –14,5 % Palmitinsäure	70 % –66 % Ölsäure	10 % –8,5 % Linolsäure –0,5 % Linolensäure
Baumwollsaatöl	26 % –21 % Palmitinsäure –5 % Stearinsäure	ca. 20 % –18 % Ölsäure	50 % –48 % Linolsäure –1 % Linolensäure
Distelöl	10 % –5,5 % Palmitinsäure –2,5 % Stearinsäure	13 % –11,5 % Ölsäure	75 % –74 % Linolsäure –0,5 % Linolensäure
Erdnußöl	15 % –10 % Palmitinsäure –3 % Stearinsäure	ca. 55 % –52,5 % Ölsäure	25–26 % –24 % Linolsäure –0–1,3 % Linolensäure
Hanfsaatöl	3 % –3 % Stearinsäure	12 % –12 % Ölsäure	ca. 82 % –60 % Linolsäure –20 % Linolensäure –2 % γ-Linolensäure
Haselnußöl	ca. 8 % –5 % Palmitinsäure –2 % Stearinsäure	77 % –77 % Ölsäure	ca. 11 % –10 % Linolsäure –0,25 % Linolensäure
Kokosfett	ca. 90 % –8,5 % Palmitinsäure –2,5 % Stearinsäure –40–50 % Laurinsäure –17 % Myristinsäure	6,5 % –6,5 % Ölsäure	1,5 % –1,5 % Linolsäure
Kürbiskernöl	ca. 20 % –15 % Palmitinsäure –5 % Stearinsäure	ca. 25 % –23 % Ölsäure	ca. 52 % –51 % Linolsäure –0,5 % Linolensäure
Leinöl	ca. 10 % –6 % Palmitinsäure –3,5 % Stearinsäure	17 % –17 % Ölsäure	ca. 70 % –13,5 % Linolsäure –55,5 % Linolensäure
Macadamianußöl	ca. 31 % –8 % Palmitinsäure – ca. 20 % Palmitoleinsäure –2,5 % Stearinsäure	31 % –31 % Ölsäure	51 % –50 % Linolsäure 1 % Linolensäure
Maiskeimöl	ca. 15 % –10 % Palmitinsäure –2,5 % Stearinsäure	31 % –31 % Ölsäure	51 % –50 % Linolsäure –1 % Linolensäure

Tabelle 1: Überblick über die Fettsäuren, die die verschiedenen Öle enthalten.

Öl	Gesättigte Fettsäuren	Einfach ungesättigte Fettsäuren	Mehrfach ungesättigte Fettsäuren
Mandelöl	ca. 8 % –6 % Palmitinsäure –1,5 % Stearinsäure	67,5 % –67,5 % Ölsäure	ca. 25 % –18 % Linolsäure –2,5 % Linolensäure
Mohnöl	12 % –9,5 % Palmitinsäure –2 % Stearinsäure	10,5 % –10,5 % Ölsäure	73,5 % –72,5 % Linolsäure –1 % Linolensäure
Olivenöl	ca. 15 % –11 % Palmitinsäure –2,5 % Stearinsäure	72 % –72 % Ölsäure	9 % –8 % Linolsäure –1 % Linolensäure
Palmkernfett	ca. 85 % –7,5 % Palmitinsäure –2,5 % Stearinsäure –45 % Laurinsäure –15 % Myristinsäure	13,5 % –13,5 % Ölsäure	2,5 % –2,5 % Linolsäure
Palmöl	ca. 50 % –40 % Palmitinsäure –4,5 % Stearinsäure	37,5 % –37,5 % Ölsäure	10,5 % –10 % Linolsäure –0,5 % Linolensäure
Rapsöl	7 % –4 % Palmitinsäure –1,5 % Stearinsäure	60 % –60 % Ölsäure	30 % –19 % Linolsäure –8,5 % Linolensäure
Sesamöl	ca. 15 % –8 % Palmitinsäure –4,5 % Stearinsäure	40 % –40 % Ölsäure	ca. 45 % –42,5 % Linolsäure –0–2 % Linolensäure
Sojaöl	ca. 15 % –9,5 % Palmitinsäure –3,5 % Stearinsäure	20 % –20 % Ölsäure	61 % –53,5 % Linolsäure –7,5 % Linolensäure
Sonnenblumenöl	12 % –6 % Palmitinsäure –5 % Stearinsäure	22 % –22 % Ölsäure (neue Züchtungen: 80 % Ölsäure)	60,5 % –60 % Linolsäure –0,5 % Linolensäure
Traubenkernöl	ca. 10 % –6 % Palmitinsäure –3 % Stearinsäure	16 % –16 % Ölsäure	66,5 % –66 % Linolsäure –0,5 % Linolensäure
Walnußöl	ca. 10 % –7 % Palmitinsäure –2 % Stearinsäure	15,5 % –15,5 % Ölsäure	ca. 67 % –57,5 % Linolsäure –9 % Linolensäure
Weizenkeimöl	ca. 18 % –16,5 % Palmitinsäure –0,5 % Stearinsäure	14,5 % –14,5 % Ölsäure	ca. 65 % –56 % Linolsäure –9 % Linolensäure

Tabelle 1 (Fortsetzung)

Abb. 3: Carotinöl

Distelöl

Distelöl wird auch als Safloröl bezeichnet. Es wird aus den Samen der Färberdistel gewonnen und gilt als besonders wertvoll, da es außerordentlich viele ungesättigte Fettsäuren enthält. Die Anteile an Linolsäure liegen zwischen 75 und 80 Prozent. Daneben enthält es noch etwa 12 Prozent Ölsäure. **Distelöl sollte nicht erhitzt, sondern nur kalt verwendet werden.**

Erdnußöl

Erdnußöl ist hellgelb und klar und schmeckt nur noch leicht nach Erdnüssen. Sein Fettsäuremuster schwankt stark je nach Anbaugebiet. Durchschnittliches Erdnußöl enthält ca. 80 Prozent ungesättigte Fettsäuren: ca. 55 Prozent Ölsäure und etwa 25 Prozent Linolsäure. Die afrikanischen Öle sind im Vergleich zu den südamerikanischen reicher an Linolsäure, im Gegensatz dazu besitzen sie aber weniger Ölsäure. **Als raffiniertes Öl eignet sich Erd-**

Abb. 4: Hanfsaatöl

nußöl in der Küche zum Braten. Besonders beliebt ist es in der asiatischen und afrikanischen Küche. Darüber hinaus dient es vor allem als Rohstoff für die Margarineproduktion.

Hanfsaatöl
Hanfsaatöl war bei uns lange Zeit in Vergessenheit geraten, da Hanf wegen des Haschisch- und Marihuanaverbots in Europa nicht mehr angebaut werden durfte. Mittlerweile sind jedoch Hanfsorten zugelassen, die praktisch kein rauschauslösendes THC (Tetrahydrocannabiol) enthalten. Deshalb dürfen wir Hanfsaatöl jetzt wieder auf dem Markt erwarten. Es enthält in erster Linie Linolsäure (ca. 60 Prozent), Linolensäure (ca. 20 Prozent) und Ölsäure (ca. 12 Prozent) und wird als äußerst gesund eingestuft. **Es ist nur für die kalte Küche geeignet,** zum Beispiel in Kombination mit neutralem Öl in Salatsaucen. Es wird auch erfolgreich bei Hauterkrankungen eingesetzt.

Haselnußöl
Haselnußöl besitzt wie jedes Nußöl ungesättigte Fettsäuren und wird überwiegend kaltgepreßt. Aus diesem Grund dürfen Nußöle **nicht erhitzt,** höchstens kurzzeitig erwärmt werden (siehe *Seite 50 f.*). Wegen des intensiven Geschmacks sollte es nur tropfenweise oder in Kombination mit anderen Ölen verwendet werden. Das Haselnußaroma paßt besonders gut zu Obstsalaten und Desserts, gibt aber auch einer Spaghettisauce aus Tomaten ein ungewöhnliches Aroma. Nußöle verderben relativ schnell und sollten im Kühlschrank aufbewahrt werden.

Kokosfett
Kokosfett ist ein bei Raumtemperatur festes Fett und besitzt kaum ungesättigte Fettsäuren. Es besteht zu ca. 90 Prozent aus gesättigten Fettsäuren, hauptsächlich aus Laurinsäure (ca. 40 bis 50 Prozent). Aufgrund seines hohen Schmelzpunktes eignet es sich sehr gut zum **Backen, Braten und Fritieren.**

Kürbiskernöl
Kürbiskernöl wird aus Kürbissamen gepreßt, teilweise werden diese vorher noch geröstet. Das Öl ist dunkelgrün bis bräunlich und schmeckt nussig und sehr kräftig. Die Hauptanbaugebiete für die Kürbisse liegen in Südosteuropa und Österreich. Die Produktion des Öls ist recht aufwendig, da die riesigen Kürbisse meist nur wegen ihrer Kerne gezogen werden. Das Öl wird kaltgepreßt und ist besonders reich an Linolsäure (ca. 50 Prozent) und Ölsäure (ca. 23 Prozent). Es eignet sich nur für die **kalte Küche,** zum Würzen von Salatsaucen oder auch zur Zubereitung einer Pesto (siehe *Seite 72*). Die Kerne enthalten übrigens extrem viele Ballaststoffe, so daß es sich durchaus lohnt, sie in Speisen kombiniert mit dem Öl einzusetzen.

Leinöl
Leinöl ist leuchtend gelb und schmeckt leicht bitter nach Leinsamen mit einer fast schon fischigen Komponente. Der Geschmack ist gewöhnungsbedürftig und kann in Ölmischungen abgemildert werden. Leinöl hat einen besonders hohen Gehalt (ca. 70 Prozent) an mehrfach ungesättigten Fettsäuren, wobei der Anteil an Linolensäure, einer dreifach ungesättigten Omega-3-Fettsäure, ca. 55 Prozent (!) ausmacht. Wegen dieser hohen Gehalte an mehrfach ungesättigten Fettsäuren **darf es auf keinen Fall erhitzt werden und muß im Kühlschrank aufbewahrt werden,** da es sehr schnell ranzig wird. Es paßt gut zu den besonders einfachen, aber extrem gesunden Pellkartoffeln (siehe *Seite 80*) und zu anderen deftigen Kartoffelgerichten.
Leinöl ist ein sogenanntes trocknendes Öl: Wird es in einer dünnen Schicht ausgestrichen, öffnen sich die Doppelbindungen und nehmen Sauerstoff auf. Dadurch wird der Anstrich trocken und hart. Es eig-

Abb. 5: Leinöl

net sich zum Schutz für Gartenmöbel und andere Gegenstände, die Wind und Wetter ausgesetzt sind.

Macadamianußöl

Macadamianußöl ist fast farblos und hat einen nussigen Geschmack. Die Heimat der Macadamianuß ist Australien, mittlerweile finden wir sie aber im gesamten Pazifikraum. Das Öl enthält besonders viel Ölsäure und ungewöhnlich viel der sonst eher weniger vorkommenden Palmitoleinsäure, einer einfach ungesättigten Fettsäure. Macadamianußöl wird gern in der „feinen" Küche verwendet, zum Beispiel für exklusive Salate und Saucen. Wie Haselnußöl **nur kalt** verwenden oder höchstens kurz miterwärmen.

Maiskeimöl

Maiskeimöl ist intensiv gelb und schmeckt neutral. Das unraffinierte Öl erinnert im Geschmack leicht an Mais. Es enthält ca. 50 Prozent Linolsäure und ca. 30 Prozent Ölsäure. Aufgrund der Fettsäurezusammensetzung kann es, vorausgesetzt daß es sich nicht um kaltgepreßtes Öl handelt, auch für warme Gerichte verwendet werden. Das raffinierte Öl eignet sich gut für Salate, aber auch zum **Kochen** und **Dünsten.**

Mandelöl

Mandelöl ist fast farblos und schmeckt nussig-mandelig. Hauptbestandteile sind Ölsäure und Linolsäure. Als raffiniertes Öl findet es vor allem Anwendung in der Kosmetik. Kaltgepreßtes Mandelöl ist sehr selten und wird in der Küche wie Haselnußöl sparsam und nur **kalt** zum Verfeinern eingesetzt.

Abb. 6: Mandelöl

Mohnöl

Mohnöl wird überwiegend kaltgepreßt aus Mohnsamen gewonnen. Dieses Öl ist relativ selten im konventionellen Handel zu erwerben, eher findet man es in Fachgeschäften. Wer den Mohngeschmack mag, der wird auch dieses Öl gerne verwenden. Es enthält besonders viel Linolsäure, muß im **Kühlschrank** aufbewahrt werden und darf nur in der **kalten Küche** eingesetz werden. Es bereichert die Rohkostküche, paßt wunderbar zu herberen Salatsorten wie Radicchio und Chicorée und natürlich zu Desserts aus Sahne oder Quark.

Nachtkerzenöl

Nachtkerzenöl ist gelblich-grün und hat einen kaum mit anderen Gerüchen vergleichbaren Duft, der von manchen Menschen als unangenehm empfunden werden kann. Er erinnert am ehesten an schweren Blumenduft. Nachtkerzenöl besitzt sehr viel γ-Linolensäure und ähnelt darin dem Borretschöl (siehe *Seite 52*) und ist auch genau wie dieses zu verwenden. Andere Öle können damit **tropfenweise** versetzt und so in ihrem γ-Linolensäuregehalt aufgewertet werden.

Olivenöl – die Königin der Öle

In der Mittelmeerküche spielt das Olivenöl eine große Rolle, in einigen Gegenden, zum Beispiel auf Sizilien, kann man es quasi als Grundnahrungsmittel bezeichnen, da es zur Zubereitung fast aller Speisen verwendet wird – ob Pasta, Salate oder Fleischgerichte. Doch auch bei uns wird Olivenöl immer beliebter.
Olivenöl ist das Öl aus dem Fruchtfleisch und dem Kern der Oliven. Die gesammelten Früchte werden gewaschen und zwischen Mahlsteinen zu einem ölhaltigen Brei zerquetscht. In ländlichen Betrieben wird dieser Brei auf runden Platten zu einem Turm aufgeschichtet. Durch diese Pressung fließt dann langsam das Öl heraus. Die Her-

Abb. 7: Der Olivenbaum ist eine der ältesten Kulturpflanzen der Welt, sein Ursprung liegt in der Gegend des östlichen Mittelmeeres.

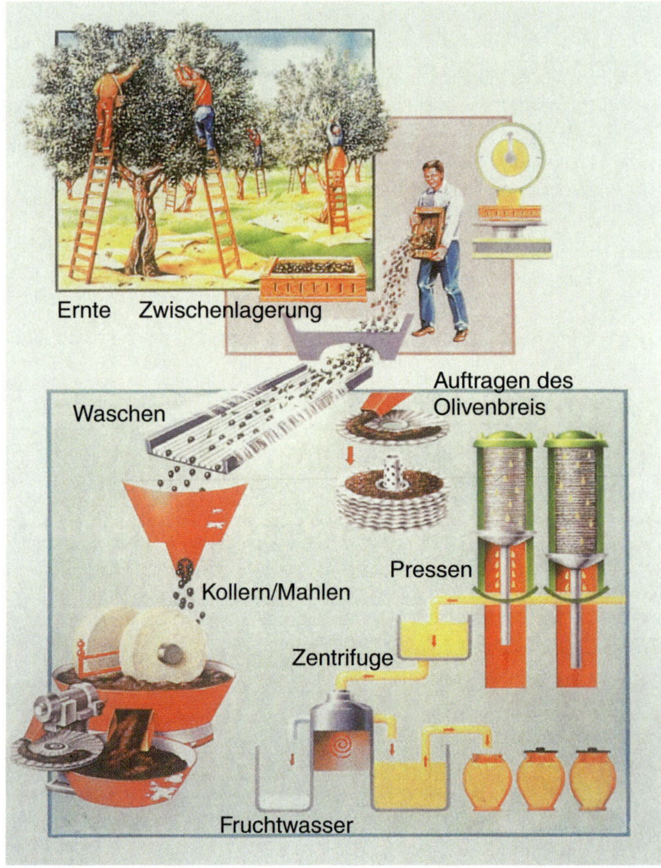

Grafik 1: Pressung von Olivenöl.

stellung wird aber zunehmend automatisiert, es kommen hydraulische Pressen zum Einsatz. Der ausgepreßte Saft der Olive enthält neben dem Öl auch noch einen großen Anteil Fruchtwasser. Läßt man den Saft stehen, schwimmt nach einiger Zeit das leichtere Öl obenauf und kann anschließend abgeschöpft werden. Einfacher ist das Zentrifugieren (Abschleudern), dabei werden die Phasen sehr viel schneller getrennt. Ein besonderer Genuß sind die hochwertigen Öle aus der ersten Pressung.
Nach dem großen Olivenölskandal im Jahre 1988, als vermeintlich hochwertige Öle mit erheblichen Perchlorethylenbelastungen (ein Lösungsmittel, das letzte Mengen Öl aus dem ausgepreßten Fruchtfleisch herauslöst) aus dem Handel gezogen wurden, sah sich die EU zum Handeln gezwungen. Seit dem 1.1.1990 gelten für Olivenöl verbindliche Bestimmungen zur Deklarierung.
Es gelten folgende Qualitätsnormen: Olivenöl der 1. Güteklasse trägt die Aufschrift: **Natives Olivenöl extra** oder **olio extra vergine (I)** beziehungsweise **huile vierge extra (F).** Dieses Öl wird durch sanfte Pressung gewonnen, der Anteil der freien Fettsäuren (siehe *Seite 49 f.*) darf höchstens ein Gramm auf 100 Gramm Öl betragen.
Olivenöl der 2. Güteklasse wird deklariert als **Natives Olivenöl**. Dieses Öl wird stärker gepreßt und sein Anteil

Abb. 8: Für Olivenöl gelten verbindliche Bestimmungen zur Deklarierung.

freier Fettsäuren darf zwei Gramm auf 100 Gramm Öl nicht überschreiten.

Olivenöl der 3. Güteklasse muß sich schlicht **Olivenöl** nennen. Dieses Öl kann unter Zuhilfenahme chemischer Lösungsmittel extrahiert werden und ist ein raffiniertes Öl. Zur Geschmacksverbesserung und natürlichen Farbgebung wird oftmals natives Olivenöl beigemischt.
Für kein anderes Öl gelten so strenge Qualitätsvorschriften, und doch stoßen Ämter bei der Überprüfung immer wieder auf Täuschungsmanöver.
Eine ganz besondere Delikatesse und dementsprechend teuer ist das Tropföl aus Oliven. Die gewaschenen Früchte werden zerkleinert und auf Siebmatten ausgebreitet. Das allererste Öl, das nun ohne Anwendung von Druck aus ihnen herausläuft, ist das sogenannte Tropföl.

Palmkernfett
Palmkernfett ist nicht zu verwechseln mit dem Palmöl. Es wird aus den Samen der Palmölfrucht gewonnen und ist ein Nebenprodukt der Palmölgewinnung. Palmkernfett ähnelt in der Fettsäurezusammensetzung sehr dem Kokosfett (siehe *Seite 54*) und ist – genau wie dieses – bei Raumtemperatur ebenfalls fest und weiß. Das liegt am hohen Anteil gesättigter Fettsäuren wie Laurinsäure (gesättigte Fettsäure mit 12 Kohlenstoffatomen) und Myristinsäure (gesättigte Fettsäure mit 14 Kohlenstoffatomen). Palmkernfett hat einen neutralen Geruch und Geschmack und eignet sich gut für Anwendungen bei höheren Temperaturen zum **Braten, Backen, Kochen.**

Palmöl
Palmöl ist wie das Olivenöl ein Fruchtfleischfett und wird aus den Früchten der Ölpalme gewonnen. Es enthält ca. 38 Prozent einfach ungesättigte Fettsäuren, aber auch 50 Prozent gesättigte, davon sind 40 Prozent Palmitinsäure. Der Ölsäureanteil sorgt für die flüssige Beschaffenheit dieses Öls. Unraffiniertes Palmöl ist durch seinen hohen Anteil an Carotin leuchtend gelb bis rötlich, bei der Raffination wird dieser Farbstoff jedoch abgetrennt. Verwendung findet das Fett in der Margarineproduktion, in unserer Küche ist es nicht gebräuchlich.

Rapsöl
Rapsöl ist klar und hat eine gelbe Farbe. Geschmacklich ist es neutral und das raffinierte Öl eignet sich zum **Braten, Backen und Kochen.** Raps gehört zur botanischen Familie der *Brassicaceae* (Kreuzblütler) und enthält sogenannte Senfölglycoside, die sich bei der Verarbeitung zum Öl geschmacklich, geruchlich und gesundheitlich negativ auswirken können. Doch durch eine spezielle Behandlung des Rohmaterials kann man diese Nachteile inzwischen fast umgehen, die Raffination beseitigt die restlichen Substanzen völlig. Früher enthielt Raps auch noch bedeutende Mengen an Erucasäure, die das Öl durch ihren bitteren Geschmack ungenießbar machten. Heutzutage gibt es jedoch neue Züchtungen, aus denen die Erucasäure weitgehend entfernt wurde. Rapsöl be-

steht aus einem besonders hohen Anteil einfach ungesättigter Ölsäure (ca. 60 Prozent) und mehrfach ungesättigter Linolensäure (ca. 10 Prozent).

Schwarzkümmelöl
Schwarzkümmelöl ist dunkelbraun und schmeckt sehr intensiv nach Kümmel und damit bitter-würzig. Es ist ein ideales „Würzöl" und sollte deshalb sparsam oder tropfenweise in Ölmischungen verwendet werden, da andernfalls die Gefahr besteht, daß der Geschmack alle anderen Würzkomponenten „erschlägt". Die Orientalen benutzen es als Kümmelersatz im Brot. Schwarzkümmelöl enthält besonders viel (ca. 50 bis 60 Prozent) Linolsäure. Schwarzkümmelöl ist außerordentlich gesund und wird auch bei uns immer beliebter. Trotz der günstigen Eigenschaften ist es kein Wundermittel z. B. gegen Krebs.

Abb. 9: Schwarzkümmelöl

Abb. 10: Sesamöl

Sesamöl
Das raffinierte Sesamöl ist hellgelb und nur zum **kurzzeitigen Erhitzen** verwendbar. Es besitzt zu ca. 85 Prozent ungesättigte Fettsäuren (ca. 40 Prozent Ölsäure und ca. 45 Prozent Linolsäure) und gehört wie Leinöl zu den trocknenden Ölen (siehe *Seite 54 f.*). Trotz der sehr hohen Gehalte mehrfach ungesättigter Fettsäuren ist das raffinierte Öl gut haltbar, da es neben Vitamin E auch noch ein weiteres Antioxidans, das Sesamöl, enthält. Das kaltgepreßte Öl schmeckt nussig nach Sesam und sollte **kalt** als Würze über die angerichteten Speisen gegeben werden. Sehr lecker ist auch die bräunliche Variante, gepreßt aus gerösteten Kernen.

Sojaöl
Sojaöl ist als raffiniertes Öl hellgelb. Es eignet sich für die kalte und warme Küche, zum **Schmoren, Backen** und **Braten.** Das kaltgepreßte Öl ist selten, eher dunkelgelb und nur für **kalte** Speisen zu verwenden. Es enthält neben wenig Linolensäure mehr als 50 Prozent Linolsäure und ca. 20 Prozent Ölsäure.

Aus dem gewonnenen Rohöl der Sojabohne wird im Raffinationsprozeß auch Lecithin gewonnen (siehe *Seite 49*).

Sojabohnen werden hauptsächlich in den USA angebaut. Dort setzt sich zunehmend gentechnisch veränderte Soja durch, die gegen das Unkrautvernichtungsmittel „Round up" unempfindlich ist. So sollen 1997 bereits zehn Prozent der Sojapflanzen in den USA gentechnisch verändert gewesen sein, die Tendenz ist eindeutig steigend. Nach der „Novel-food-Verordnung" müssen bei uns nur die Lebensmittel gekennzeichnet werden, bei denen die gentechnische Veränderung im Produkt nachweisbar ist. Bei Ölen ist dies in der Regel nicht der Fall, deshalb müssen wir in Zukunft davon ausgehen, daß das bei uns erhältliche Sojaöl auch aus gentechnisch veränderten Pflanzen stammt.

Sonnenblumenöl
Sonnenblumenöl ist hellgelb, das kaltgepreßte Öl duftet leicht nussig nach Sonnenblumen. Es ist sowohl als kaltgepreßtes als auch als raffiniertes Öl im Handel und hat hohe Gehalte an ungesättigten Fettsäuren. Besonders reich ist es an Linolsäure (60 Prozent). Raffiniertes Sonnenblumenöl eignet sich zum **Erhitzen** und wird für die Margarineherstellung verwendet.
Es gibt inzwischen neue Züchtungen, sogenannte „high-oleic"-Sorten. Dazu wurden ursprünglich aus Rußland stammende Arten auf züchterischem Weg, das heißt ohne Einsatz von gentechnischen Manipulationen, in ihrem Ölsäu-

regehalt stark erhöht: Sie enthalten nun bis zu 80 Prozent Ölsäure. Ähnlich wie Olivenöl besitzen sie einen vergleichsweise hohen Rauchpunkt und eignen sich deshalb zum **Backen, Braten** und **Dünsten.**

Traubenkernöl
Traubenkernöl wird aus den Kernen von Weintrauben gepreßt. Das kaltgepreßte Öl hat eine tiefgrüne Farbe und schmeckt fruchtig nach Wein. Es eignet sich in der **kalten Küche** für sommerliche Salate und sollte wegen seines intensiven Eigengeschmacks nur sparsam verwendet werden. Traubenkernöl ist reich an mehrfach ungesättigten Fettsäuren.

Walnußöl
Walnußöl hat – genau wie die anderen Nußöle – einen typisch nussigen Geschmack und wird überwiegend kaltgepreßt angeboten. Es eignet sich bestens für Sommer- und Wintersalate und zum Würzen von kalten Rohkostgerichten. Walnußöl enthält besonders hohe Mengen mehrfach ungesättigter Fettsäuren (fast 70 Prozent) und darf **nicht erhitzt** werden.
Achtung: Nußallergiker reagieren auch auf das Preßöl der Nüsse. Viele Allergiker reagieren insbesondere auf Walnüsse empfindlich.

Weizenkeimöl
Weizenkeimöl ist goldgelb und schmeckt nach Getreide. Es wird kaltgepreßt und strotzt nur so vor Vitamin E, das mit über 200 Milligramm pro 100 Gramm Weizenkeimöl einen Spitzenwert erreicht. Sein Gehalt an ungesättigten Fettsäuren liegt bei ca. 70 Prozent, wobei die Linolsäure den Hauptanteil ausmacht. Verwendung in der **kalten Küche.**

Abb. 11: Distel-, Sonnenblumen- und Olivenöl – ein gesundes Trio.

Die Fischöle

Fischöl ruft fast bei jedem Menschen zunächst unangenehme Erinnerungen wach, denn gar mancher wurde in seiner Kindheit mit dem ach so gesunden Lebertran malträtiert.

Fischöle schmecken tranig, sind jedoch wegen ihres hohen Gehalts an langkettigen, mehrfach ungesättigten Omega-3-Fettsäuren – hauptsächliche Vertreter sind die Eicosapentaensäure (EPA) und die Docosahexaensäure (DHA) – für unseren Körper besonders wertvoll. Sie finden sich vor allem in Tiefseefisch. Grundsätzlich gilt: Je kälter das Meerwasser ist, in dem die Fische leben, desto mehr gesunde Omega-3-Fettsäuren enthalten sie. Fische aus warmen Gewässern liefern nur wenig Fischöl.

Abb. 12: Fische, die in kälteren Gewässern leben, enthalten besonders viel der gesunden Omega-3-Fettsäuren.

Fischart	Gehalt an Omega-3-Fettsäuren pro 100 g
Heilbutt	0,9 g
Lachs	1,0 g
Sardine	1,6 g
Thunfisch	1,6 g
Hering	1,7 g
Makrele	2,6 g

Da Fischöle einen unangenehmen Geschmack besitzen, werden sie oft in Kapseln als Nahrungsergänzung angeboten, sie lassen sich aber auch gut in Ölmischungen verstecken. EPA (siehe dazu auch Hobbythekbuch „Essen Sie sich gesund", *Seite 63 f.*) und DHA sollen einen günstigen Einfluß auf Hautprobleme wie Schuppenflechte und Neurodermitis nehmen, für die γ-Linolensäure gilt dies mittlerweile sogar als gesichert. γ-Linolensäure hemmt die Entstehung von sogenannten Entzündungsmediatoren, zum Beispiel von Prostaglandinen, die eine wichtige Rolle bei Allergien spielen. Da Fettsäuren die Vorläufer dieser Substanz sind, können bestimmte Fettsäuren sowohl seine Entstehung fördern als auch hemmen.

Das gilt übrigens nicht nur für Menschen, sondern auch für Hunde und Katzen. Speziell für Katzen ist die Wirkung gegen das sogenannte Miliare Ekzem bereits bewiesen. Diese häufige Fellerkrankung verursacht heftigen Juckreiz, der dazu führt, daß die Tiere sich das Fell an den betroffenen Stellen mit ihrer rauhen Zunge regelrecht wegputzen. Diese Art Neurodermitis bei der Katze läßt sich durch kleine Ölzugaben von Dorschlebertran und Borretschöl (je einen Meßlöffel pro Tag) auf das Futter meist beheben (siehe „Das Hobbythek-Katzenbuch"). Auch bei Hunden führen die Ölbestandteile aus Fischen zu einem guten Fell.
Für Menschen, die an Neurodermitis oder Psoriasis leiden, empfiehlt es sich, Nachtkerzenöle, Borretschöl oder Hanfsaatöl dem Speiseöl zuzusetzen (siehe *Seite 52* und *55*).

Selbstgemachte Würzöle

Öle können Geschmacks- und Geruchsstoffe aufnehmen, deshalb eignen sie sich hervorragend zum Aromatisieren. In erster Linie sind es die fettlöslichen Bestandteile des Gewürzes oder der Kräuter, die sich später im Öl wiederfinden.

Wer Öle aromatisiert, sollte ein Speiseöl als Grundlage wählen, das wenig Eigengeschmack besitzt. Hierzu eignen sich zum Beispiel Sonnenblumen-, Maiskeim- oder Weizenkeimöl. Auch Olivenöl ist sehr gut dazu geeignet, muß aber mit kräftigen Gewürzen oder Kräutern aromatisiert werden, zum Beispiel mit Rosmarin oder Knoblauch.
Da aromatisierte Öle sich weniger zum Braten, Fritieren oder Backen eignen, bietet es sich auch an, ein gesundes Öl mit ungesättigten Fettsäuren zu verwenden.
Von Würzölen sollten kleinere Mengen als beim Ansatzessig hergestellt werden. Wir haben uns für eine Portions-

Abb. 1

größe von 100 Millilitern entschieden, die natürlich beliebig vergrößert werden kann. Bedenken Sie aber, daß Öle längere Zeit benötigen, bis sich das Aroma in ihnen so richtig entfaltet, sie aber gewöhnlich nicht beliebig lange haltbar sind. Deswegen unsere Empfehlung: Lieber kleinere Mengen ansetzen, die schnell verbraucht sind!

Die Würzöle sollten in dunklen, gut schließenden Flaschen kühl gelagert werden. Auf diese Weise wird ihre Haltbarkeit etwas verlängert. Ein Öl, das trotz Aromatisierung auch nur den leichtesten Anflug von Ranzigkeit zeigt, sollten Sie in jedem Fall weggießen.

Die Herstellung von Würzölen ist denkbar einfach: Die jeweiligen Zutaten werden mit dem Öl übergossen – fertig. Der Ansatz sollte mindestens drei Wochen stehenbleiben. Je länger das Öl zieht, desto aromatischer wird es. Um die Haltbarkeit der Würzöle zu erhöhen, sollten Sie jedem 100-Milliliter-Ansatz vier Tropfen unseres Antiranz (siehe *Seite 51*) beimischen. Manche Öle sehen besonders hübsch aus und eignen sich gut als persönliches Geschenk. Trotzdem: Auch wenn die in Öl eingelegten Kräuter und Gewürze eine Augenweide sind, gehören auch diese Mitbringsel eigentlich in dunkle Flaschen gefüllt. Wenn sie in klaren Dekoflaschen verschenkt werden, dann nur mit dem Hinweis auf kühle und dunkle Lagerung. Für Kräuteröle gilt: Je höher der Feuchtigkeitsgehalt in einem Kraut, desto eher besteht die Gefahr, daß das Öl anfängt zu gären. Grundsätzlich sollten deswegen alle Kräuter wenigstens einen Tag lang getrocknet werden. In den meisten Fällen, zum Beispiel bei Rosmarin, reicht das völlig aus. Bei Kräutern mit hohem Wassergehalt wie Basilikum sollte sogar noch länger getrocknet werden, oder Sie verwenden einfach das getrocknete Gewürz.

Abb. 2: Würzöl Chili

Würzöl Basilikum

2 Zweige	Basilikum oder 2 TL getrocknetes Basilikum
100 ml	Sonnenblumenöl

Die Basilikumblättchen am besten kleinschneiden. Das Öl ist klar und eignet sich hervorragend als Zugabe zu Tomaten mit Mozzarella. Der intensive Basilikumgeschmack paßt aber auch gut zu Spaghetti und anderen Pastagerichten. Natürlich sollte das Basilikumöl hier als Würze erst zum Schluß zugegeben werden. Basilikumöl eignet sich auch zum Anrichten nahezu aller Sommersalate und für eine traditionelle Pesto.

Würzöl Chili

1 EL	Chilischoten, getrocknet
100 ml	Sonnenblumenöl

Chiliöl ist klar und schmeckt hauptsächlich scharf, sonst hat es wenig Eigengeschmack. Es eignet sich für Speisen, die durch das Öl etwas Schärfe bekommen sollen, zum Beispiel für die asiatische Küche oder für Bohnensalat, aber auch für mexikanische Dips.

Würzöl Feige

4	Feigen, getrocknet und kleingeschnitten
100 ml	Maiskeimöl

Die bunten Feigen behalten sogar im Öl ihre Farben. Deshalb sieht das sonst klare Feigenöl besonders hübsch und originell aus. Auch vom Geschmack hat diese Komposition einiges zu bieten. So verleihen die Feigen dem Öl einen dezent süßherben Charakter. Feigenöl paßt natürlich zu arabischen Gerichten, zu Rucolasalat oder ungewöhnlichen Nachtischkreationen. Unsere verfeinerte Butter (siehe *Seite 45*) wird mit diesem Feigenöl zur leckeren Frühstückskreation.

Würzöl Kaffee

1 EL	Kaffebohnen
100 ml	Sonnenblumenöl

Das klare Öl schmeckt deutlich nach Kaffee. Dies ist zwar für ein Öl äußerst ungewöhn-

Abb. 3: Würzöl Kaffee

Abb. 4

lich, doch keineswegs unangenehm. Wir haben daraus ein weißes Eis mit Kaffeearoma zubereitet, unser Café au lait glace (siehe *Seite 86 f.*).

Würzöl Knoblauch

1	Knoblauchzehe, halbiert
100 ml	Olivenöl

Im Gegensatz zum Essig (siehe *Seite 38*) ist Knoblauchöl längst nicht so intensiv würzig. Der Knoblauch verleiht hier nur eine leichte Nuance. Das Öl bleibt klar und verändert auch seine Farbe kaum, es harmoniert gut mit italienischen Antipasti.
Variieren kann man das Öl mit einem Stück kleingeschnittenem Ingwer (ca. einen Zentimeter). Diese Variation paßt gut zu fernöstlichen Gerichten, insbesondere zu asiatischen Salaten und Gemüse. Aber Würzöl Knoblauch schmeckt auch einfach nur pur auf gerösteten Weißbrotscheiben köstlich.

Würzöl Meerrettich

2 EL	Meerrettich, geraspelt
100 ml	Sonnenblumenöl

Ein kleines Reststück Meerrettich raspeln und einen Tag gut trocknen lassen. Mit Öl aufgießen. Paßt besonders gut in einen Quark-Brotaufstrich oder zum Beispiel zu einem Meeresfrüchtesalat (siehe *Seite 76*).

Würzöl Petersilie

½ Bund	Petersilie oder 2 TL getrocknete Petersilie
100 ml	Sonnenblumenöl

Frische Petersilie am besten etwas kleinschneiden und gut trocknen. Das Öl paßt gut zu Bohnengerichten, Salatsaucen und Weißbrot.

Würzöl Pfeffer

2 TL	grüne Pfefferkörner, eingelegt
100 ml	Weizenkeimöl

Das klare grüne Öl hat einen leicht scharfen Geschmack. Das Pfefferaroma paßt zu exotischen Salaten eignet sich zur Verfeinerung von Butter (siehe *Seite 45*). Mit diesem Öl läßt sich eine gewöhnliche Mayonnaise pfeffrig variieren.
Grüne Pfefferkörner aus dem Glas geben ihr Aroma besonders gut ab. Schwarzer oder weißer Pfeffer ist sehr trocken und würzt deshalb als ungemahlenes Korn kaum.

Abb. 5: Würzöl Pilz

Würzöl Pilz

1 EL	Mischpilze, getrocknet
100 ml	Sonnenblumenöl

Das klare Öl hat ein sehr leichtes Pilzaroma und eignet sich als Würze für Saucen, Salate, aber auch zu Kartoffel- oder Reisgerichten, zum Beispiel Risotto.

Würzöl „Provence"

1 Zweigchen	Rosmarin
1 Zweigchen	Thymian
1 Zweigchen	Oregano
100 ml	Olivenöl

Diese Würzöl mit französischer Geschmackskomposition verträgt sich na-

Abb. 6: Würzöl Rosmarin-Limette

türlich besonders gut mit Olivenöl. Es paßt zum Beispiel zu unseren Französischen Kartoffeln aus dem Backofen (siehe *Seite 80*).

Würzöl Rosmarin-Limette

1 Zweigchen	Rosmarin
½ Limette	(Schale)
100 ml	Olivenöl

Die Limette halbieren und die Schale einer Hälfte in einem Stück schälen. Rosmarin und Schale mit Öl übergießen. Dieses Öl können Sie zur Zubereitung unserer Füllung für die Olivennester auf *Seite 78* verwenden.

Würzöl Salbei

1 TL	getrockneter Salbei
100 ml	Sonnenblumenöl

Das klare Öl nimmt den Salbeigeschmack gut an. Es eignet sich für Sommersalate und zum Einreiben von Wild.

Würzöl Shrimps

2 EL	getrocknete Shrimps
100 ml	Maiskeim- oder Sojaöl

Die getrockneten Shrimps am besten vor dem Einlegen in etwas Öl kurz andünsten, dann entfaltet sich ihr Aroma besser. Es verleiht Gerichten wie der Algensuppe (siehe *Seite 73*) ein leichtes Fischaroma.

Würzöl Walnuß

2 TL	Walnüsse, gehackt
100 ml	Sonnenblumenöl

Das klare Öl schmeckt eindeutig nach Walnuß. Allerdings ist das echte Walnußöl diesem selbstgemachten überlegen. Echtes Walnußöl wird jedoch leider oft nur in relativ großen Mengen verkauft. Da es aber in der Regel sparsam verwendet wird, besteht die Gefahr, daß ein Teil des Öls verkommt. Alternativ kann man sich auf diesem Weg eine passende kleine Portion selbst herstellen.

Würzöl Zimt

1	Zimtstange
100 ml	Sonnenblumenöl

Das Würzöl Zimt hat ein etwas scharfes Aroma und eignet sich für exotische Salate. Außerdem schmeckt es gut in Hummus oder Auberginencreme.
Zimt läßt sich auch gut mit Vanille kombinieren, dazu zusätzlich eine Vanillestange mit in den Ansatz geben.

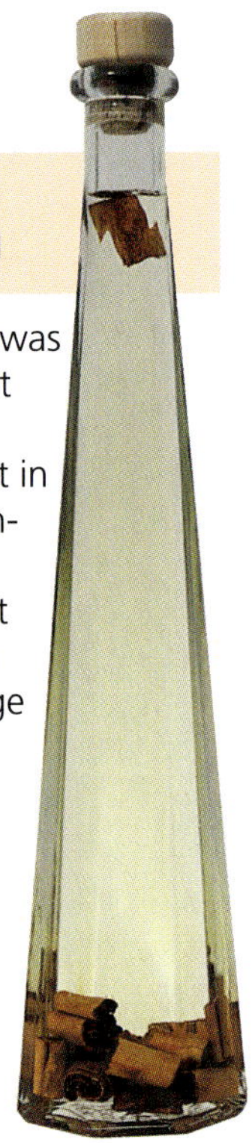

Abb. 7: Würzöl Zimt

Die Mittelmeerdiät

Nach jedem Urlaub am Mittelmeer träumt man noch lange von der Sonne, dem Strand und natürlich von den Köstlichkeiten der mediterranen Küche: leckere Pasta, herrliche Salate, delikate Oliven und dazu die schmackhaften Weine… Aber Mittelmeer und Diät – diese beiden Begriffe wollen nur schwer zueinanderfinden, denn jedesmal nach der Rückkehr zeigt die heimische Waage am Ende im Mittel me(e/h)r Gewicht – von wegen (Mittelmeer-)Diät!

Die Bezeichnung Diät steht in diesem Fall auch nicht für eine Sammlung kalorienarmer Rezepte, wie sie uns aus den Medien geläufig ist, wenn von Ananas-, Hollywood- oder einer neuen Enzymdiät die Rede ist. Diät im wissenschaftlichen Sinne ist umfassender definiert und bezeichnet ganz allgemein eine besondere Kostform. Bei der Mittelmeerdiät handelt es sich um die traditionelle Ernährungsweise der Mediterraner, besonders auf Kreta und in Süditalien, die sich in grundlegenden Merkmalen von unserer, das heißt der nordeuropäischen, unterscheidet. Aufgrund ihrer besonderen Vorteile im Hinblick auf ernährungsbedingte Erkrankungen genießt sie seit einigen Jahren größte Aufmerksamkeit. In Studien wurde unter anderem festgestellt, daß in Nordeuropa, wo zum Beispiel weniger Obst und Gemüse gegessen wird, die Zahl der Herz-Kreislauf-Krankheiten, zum Beispiel Herzinfarkt, etwa viermal so hoch ist wie in den Ländern des Mittelmeerraumes.

Die typische mediterrane Ernährungsweise sieht folgendermaßen aus:
- täglich eine üppige Vielfalt an Obst und Gemüse, frisch je nach Region und Saison
- täglich Teigwaren und andere Getreideprodukte, Brot, Nüsse, Bohnen oder andere Hülsenfrüchte
- Olivenöl als Hauptfettquelle
- täglich, aber mäßig Milchprodukte wie Joghurt und Käse, wenig Milch
- mehrmals pro Woche Fisch und Geflügel in mäßigen Mengen
- selten Fleisch, insbesondere rotes Fleisch
- regelmäßig Wein, aber maßvoll und immer zu den Mahlzeiten

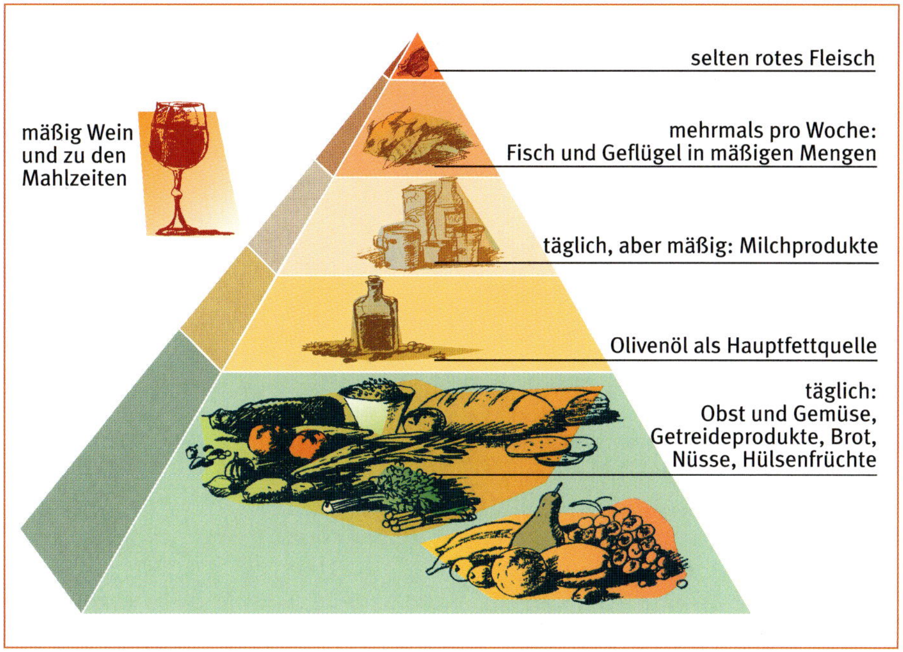

Grafik 1: Ernährungspyramide zur Mittelmeerdiät.

Die Vorteile liegen auf der Hand: Wer sich so ernährt, wird ausreichend mit Vitaminen, Mineralstoffen, Spurenelementen und auch mit wichtigen Ballaststoffen versorgt. Außerdem befinden sich in Obst und Gemüse die sogenannten „sekundären Pflanzeninhaltsstoffe". Sie sind zur Zeit besonders Gegenstand der Forschung, da die Wissenschaftler vermuten, daß auch sie spezielle Schutzfunktionen gegen Herzerkrankungen und Krebs übernehmen. Gesättigte Fettsäuren, wie sie in Fleisch und Wurst sowie in weiteren tierischen Produkten, zum Beispiel Milch, vorkommen, und trans-Fettsäuren werden bei der Ernährung nach der Mittelmeer-Diät nur in geringen Mengen verzehrt. Die Hauptfettquelle Olivenöl liefert viel einfach ungesättigte Ölsäure, die sich besonders günstig auf die LDL-Cholesterinwerte auswirkt. Diese Kost entspricht im wesentlichen auch den Empfehlungen, die die „Deutsche Gesellschaft für Ernährung" (DGE) zur Vorbeugung gegen ernährungsbedingte Erkrankungen gibt. Die ernährungswissenschaftlichen Grundsätze können mit einer Ernährung, die sich an den mediterranen Grundsätzen orientiert, äußerst schmackhaft in die Praxis umgesetzt werden.
Diesen Vorteilen stehen bis heute keine bekannten Nachteile gegenüber, und darüber hinaus gibt es keine ernährungsbedingte Erkrankung, die im Mittelmeerraum häufiger auftritt als hierzulande.

Delikate Gerichte mit Essig und Öl

Fruchtige und gesunde Essigdrinks

Heilkräutertrunk

1–2 EL	Heilkräuteressig (siehe *Seite 31*)
150 ml	Sprudelwasser
1 TL	Honig oder 2 TL Ballastsüße

Essig mit Wasser aufgießen und süßen. Jeden Morgen ein Glas davon trinken. Ein Essigtrunk auf nüchternen Magen ist nicht jedermanns Sache, deswegen sei es jedem selbst überlassen, ob er den Heilkräutertrunk vor oder nach dem Frühstück trinken will.

Abb. 1: *Heilkräuteressig*

Saure Bowle

4 EL	Zucker oder Isomalt
½ l	Wein trocken
10 EL	Frusip's-Essig Ananas (siehe *Seite 33*)
¼	Ananas
½ l	Sekt halbtrocken

Zucker oder Isomalt in Wein auflösen, Essig zugeben. Aus der Ananas kleine Stücke schneiden. Fruchtstücke in der Flüssigkeit zwei bis drei Stunden ziehen lassen. Mit Sekt auffüllen und kühl servieren.

Mit Essig und den Frusip's der Hobbythek lassen sich leckere Essigdrinks zubereiten. Sie eignen sich als gesunde Erfrischungsgetränke für zwischendurch, aber auch als wohltuende Durstlöscher zum Beispiel nach dem Sport. Hier einige Rezeptvorschläge, die natürlich nach Geschmack mit anderen Essigen und den zahlreichen Frusip's-Sorten variiert werden können. Weiterhin besteht die Möglichkeit, durch die Zugabe von Ballaststoffen Ihre tägliche Ballaststoffbilanz zu verbessern.

Birne exotica

1 EL	Ansatzessig Birne-Zimt (siehe *Seite 35*)
2 TL	Ahornsirup oder 1 Tabl. Lightsüß HT
1 EL	Frusip's Guanabana
evtl. 1 Meßl.	Apfelweizenballast
150 ml	Sprudelwasser

Alles gut verrühren und mit dem Sprudelwasser auffüllen.

Rote Brause

2 EL	Apfelessig (siehe *Seite 30 f.*) oder Süß-saurer Waldbeerenessig (siehe *Seite 32*)

Abb. 2: Süß-saurer Waldbeerenessig

1 TL	Honig oder 1 Tabl. Lightsüß HT
1 EL	Frusip's Aronia
evtl. 1 Meßl.	Apfelfaser
150 ml	Sprudelwasser

Alles gut verrühren und mit dem Sprudelwasser auffüllen.

Aperitiftrunk mit Sherryessig

1 EL	Sherryessig
1 EL	Frusip's Kirsche oder Almkräuter
1 TL	Ballastsüße

Nach Geschmack mit Wasser auf Aperitifvolumen auffüllen oder pur genießen.

Chutneys und Brotaufstriche

Pflaumen-Chutney
(Für 2 Gläser)

400 g	Trockenpflaumen ohne Kerne, kleingeschnitten
ca. 2	kleine, säuerliche Äpfel, gewürfelt
2	mittelgroße Zwiebeln, fein gehackt
	Salz
100 ml	Ansatzessig Knoblauch (siehe *Seite 38*)

Pflaumen, Äpfel und Zwiebel mit Salz würzen und im Essig kurz (ca. fünf Minuten) köcheln. In Twist-off-Gläser abfüllen. Als Variante ohne Knoblauch eignet sich hier Sherryessig mit einem Schuß Armagnac (französischer Weinbrand). Dieses Chutney ist eine ideale Ergänzung zu gebratener Entenbrust oder Wildgerichten.

Kürbis-Chutney „Halloween"
(Für 3 Gläser)

400 g	Kürbis, gewürfelt (Hokkaido)
200 ml	Ansatzessig „Weihnacht" (siehe *Seite 36*)
4 EL	Rosinen (evtl. aus dem Ansatzessig „Weihnacht")
300 ml	Wasser
2 EL	Isomalt
	Salz
4 EL	Kürbiskerne, gehackt

Kürbis, Essig, Rosinen und Wasser in einen Topf geben. Isomalt und Salz hinzufügen und ca. fünf Minuten kochen. Anschließend zwölf Stunden ziehen lassen, dann die Kürbiskerne untermischen und das Ganze nochmals acht bis zehn Minuten köcheln. Heiß in Twist-off-Gläser abfüllen und die Gläser noch heiß für einige Zeit auf den Kopf stellen. Schmeckt wunderbar als Kompott zur Martins- oder Weihnachtsgans und zum Thanksgiving-Turkey (siehe *Seite 82*).
Tip: Leicht püriert und mit Sahne verfeinert, ergibt dieses Kompott eine leckere Kürbiscreme.

Saurer Hering nach Hausfrauenart

200 g	Matjes, in feine Würfel geschnitten
1	kleine Zwiebel, gewürfelt
1	säuerlicher Apfel, fein gewürfelt
3 EL	Joghurt oder Quark
5 EL	Ansatzessig Apfel-Melisse (siehe *Seite 35*)
	Salz, Pfeffer

Matjes, Zwiebel und Apfel in einer Schüssel mischen. Joghurt mit Essig verrühren und über die Mischung geben. Mit Salz und Pfeffer würzen und ziehen lassen. Als säuerliche Variante eignen sich hier anstelle des Ansatzessigs Apfel-Melisse gut die Ansatzessige Petersi-

Abb. 3

zen und restlichen Zucker darin auflösen. Pektinmischung und Essig zugeben, und alles noch einmal kurz aufkochen. Frusip's unterrühren und kochend heiß in Gläser abfüllen. Die Gläser sofort zuschrauben und für ein bis zwei Minuten auf den Kopf stellen. Zur Dekoration geviertelte Zitronenscheiben mitkochen beziehungsweise ein Zweiglein Zitronenmelisse ins Glas füllen. Schmeckt nicht nur zum Frühstück auf Brot oder Brötchen, sondern auch zu Vanilleeis oder als fruchtige Beilage zu dunklem Fleisch.

lie oder Dill. Dieser Heringsalat schmeckt sehr lecker zu Vollkornbrot oder als Beilage zu Pell- oder Ofenkartoffeln.

Nussige Pilzcreme

300 g	Steinpilze oder Austernpilze
1	Knoblauchzehe
½	Zwiebel
3 EL	neutrales Öl
	Salz, Pfeffer
1 Bund	Petersilie, glatt
3–4 EL	Walnußöl

Pilze, Knoblauchzehe und Zwiebel grob hacken, in Öl anbraten und so lange schmoren, bis der Pilzsaft verdunstet ist. Mit Salz und Pfeffer abgeschmeckt, gehackte Petersilie zugegeben und mit Walnußöl verrührt, erhalten Sie einen leckeren Brotaufstrich.

Tip: Verdünnt mit Gemüsebrühe ergibt diese Creme eine wunderbare Sauce zu Fleisch oder Pasta.

Champagner-Limette-Gelee

1 TL	Apfelpektin NVM
1 Msp.	Calciumcitrat
250 g	Zucker oder Isomalt
180 ml	Wasser
6–7 EL	Ansatzessig Limette (siehe *Seite 36*)
1 EL	Frusip's Guanabana

Apfelpektin und Calciumcitrat mit vier Eßlöffeln Zucker mischen. Wasser erhit-

Ketchup auf der feinen Tafel

Ketchup paßt nach Meinung vieler nur in die Fastfoodküche, zu Hamburgern und Pommes, oder es wird dazu benutzt, den schlechten Geschmack eines mißlungenen Essens zu kaschieren. Der Einheitsgeschmack, der in den Supermärkten erhältlichen Ketchups läßt im Grunde auch keine anderen Anwendungen zu. Dabei kann Ketchup durchaus delikat sein. In Malaysia, der Heimat des Ketchups, gilt dieser als Delikatesse. Auch der Name „Ketchup" stammt aus Malaysia und bedeutet nichts anderes als „scharfe Sauce". Das Ketchup-Grundrezept schreibt lediglich eine Mischung aus zerkleinertem Gemüse, Obst, Essig und verschiedenen Gewürzen vor. Tomaten sind dabei nicht zwingend vorgesehen. Dennoch meinen wir, daß auch ein Tomatenketchup äußerst lecker sein kann, wie das folgende Rezept beweist:

Tomatenketchup „Mafiosi"
(Für 2–3 Gläser)

300 g	Tomatenmark, doppelt konzentriert
200 ml	Wasser
4 TL	Salz
200 ml	Rotweinessig
100 g	Zwiebeln, kleingehackt
200 g	Staudensellerie, gewürfelt
1	Knoblauchzehe, gehackt
1 Zweigchen	frischer oder 1 TL getrockneter Basilikum
1 TL	Paprika (scharf)
½ TL	Cayennepfeffer
1 TL	Sambal Olek (asiatische Würzpaste)
1 TL	Worcestersoße
8 Tabl.	Lightsüß HT oder 80 g Zucker
2 Meßl.	Konjac-Konzentrat HT

Tomatenmark, Wasser, Salz und Essig mit Zwiebeln, Sellerie und Knoblauch in einen Topf geben, aufkochen, und danach weitere 15 Minuten köcheln lassen. Nun die Gewürze hinzugeben und je nach Geschmack mit einem Pürierstab pürieren. Als letztes gibt man die Lightsüß-Tabletten hinzu und rührt das Konjac-Konzentrat unter.
Diese scharfe Ketchup-Variante paßt sehr gut zu mexikanischen Gerichten wie Tacos oder Nachos, gibt aber auch dem Cocktaildressing (siehe *Seite 71*) eine feurige Würze.

Abb. 4

Tomatenketchup à la Francais

500 g	Strauchtomaten oder geschälte Tomaten aus der Dose, kleingeschnitten
4 TL	Salz
200 g	gelbe Paprika, püriert oder fein zerkleinert
100 g	Zwiebeln, kleingehackt
1	Knoblauchzehe, gehackt
200 ml	Ansatzessig Estragon (siehe *Seite 37*)
1 TL	Paprikapulver
1 TL	Worcestersoße
2–3 TL	Kräuter der Provence
½ TL	Oregano
½ TL	Majoran
1 Meßl.	Konfilight flüssig HT
1 Meßl.	Konjac-Konzentrat HT

Frische Tomaten mit Salz in einem Kochtopf erwärmen und etwa 15 Minuten ziehen lassen. Anschließend die Masse durch ein Sieb streichen, um Haut und Kerne zu entfernen. Dieses Tomatenpüree oder die Dosentomaten mit Paprikapüree, Zwiebeln, Knoblauch, Essig und Gewürzen mischen. Das Ganze noch einmal kurz aufkochen lassen. Zuletzt Konfilight und Konjac-Konzentrat hineinrühren. Dieses Ketchup schmeckt besonders gut zu gegrilltem Fleisch oder Gemüse.

Abb. 5

Tomatenketchup mit frischen Gartenkräutern

500 g	Strauchtomaten, gewürfelt
4 TL	Salz
100 g	Zwiebeln, feingehackt
200 ml	Kräuter-Essig nach Geschmack
1 TL	Worcestersoße
1 TL	Paprikapulver
1 Prise	schwarzer und weißer Pfeffer
1 Prise	Cayennepfeffer
je 1 Büschel	Petersilie, Dill, Schnittlauch und Liebstöckel
100 g	Isomalt
2 Meßl.	Konjac-Konzentrat HT

Tomaten und Salz in einem Topf erwärmen und 15 Minuten ziehen lassen, dann Zwiebeln, Essig, Gewürze und Kräuter hinzufügen, umrühren und einmal kurz aufkochen. Anschließend mit Isomalt süßen und mit Konjac-Konzentrat andicken. Dieses Tomatenketchup eignet sich besonders gut in der Grillsaison als leckere Beilage zu Fleisch- oder Gemüsespießen.

Fruchtketchup „Sumatra"

400 g	Banane, püriert
100 g	Zwiebeln, kleingehackt
200 ml	Weißweinessig
2 TL	Salz
2–3 EL	Frusip's Ananas
1 TL	Senf
1–2 TL	Curry
1	Nelke
1	kleiner Zweig Minze oder 1 Meßl. Frusip's Minze
½ Meßl.	Konfilight flüssig HT
1 Meßl.	Konjac-Konzentrat HT

Pürierte Banane mit Zwiebeln, Essig, Salz und Frusip's Ananas erwärmen und 15 Minuten ziehen lassen, dann Senf und Gewürze zugeben. Zum Schluß mit Konfilight flüssig HT süßen und mit Konjac-Konzentrat andicken. Fruchtketchup „Sumatra" paßt ausgezeichnet zu Geflügelgerichten mit Reis.

Curry-Ketchup „India"

200 g	gelbe Paprika, ganz fein geschnitten oder gerieben
200 g	grüne Äpfel, gewürfelt
100 g	Zwiebeln, feingehackt
200 ml	Wasser
3 TL	Salz
200 ml	Ansatzessig Dill (siehe *Seite 37*)
1 EL	Curry
evtl. 1 EL	Dillspitzen oder 1 Zweig frischer Dill
1 TL	Meerrettich
100 g	Isomalt
4 Meßl.	Konjac-Konzentrat HT

Paprika, Äpfel, Zwiebel, Wasser, Salz und Essig 15 Minuten köcheln lassen, dann Gewürze und Isomalt einrühren. Mit Konjac-Konzentrat andicken. Schmeckt besonders lecker als Beilage zu vegetarischen Gerichten der indischen Küche, aber auch zu Fleisch und Fisch.

Einen ähnlich schlechten Ruf wie Ketchup haben auch Mayonnaisen: zu fett, zu ungesund. Aber auch das muß nicht sein, wie Sie bei dem folgenden Rezept sehen:

Leichte Mayonnaise à la Hobbythek

1	Eigelb
1 TL	Dijon-Senf
1–2 EL	Leinöl oder Würzöl Pfeffer (siehe *Seite 63*)
100 g	Magerquark
1 EL	Weinessig
	Salz

Eigelb und Senf im Mixer aufschlagen und nach und nach das Öl zugießen. Magerquark mit Essig glattrühren und mit der Eigelbmasse verrühren, salzen. Die gesündere Variante mit Leinöl schmeckt etwas strenger. Wer es gerne etwas würziger mag, sollte das pfeffrige Öl verwenden.

Saucen

Sauce Béarnaise

250 g	Butter
2	Eigelb
2 EL	Weißwein
2 EL	Ansatzessig Estragon (siehe *Seite 37*)
1 TL	gehackte Kräuter, z. B. Estragon, Petersilie, Kerbel
	Salz, Pfeffer

Abb. 6: Ansatzessig Estragon

Butter in kleine Stücke schneiden bei milder Hitze schmelzen, Schaum mit der Kelle abschöpfen. Eigelb und Weißwein im Edelstahltopf-Wasserbad mit einem Schneebesen schaumig schlagen. Unter ständigem Rühren nach und nach die Butter zugeben. Zum Schluß den Estragonessig und die gehackten Kräuter unterrühren. Mit Salz und Pfeffer abschmecken.
Die Sauce Béarnaise ist neben der Sauce Hollandaise eine der exklusivsten Saucen der Küchenwelt und paßt besonders gut zu Steaks. Genauso schmackhaft ist sie aber auch zu feinen Gemüsegerichten wie zum Beispiel Brokkoli, Romanesko, Zuckerschoten und Karotten oder zu gebratenem und gedünstetem Fisch. Sie können die Sauce auch zu frischem Spargel, Artischocken und Gegrilltem reichen.
Eine Variation der Sauce Béarnaise ist die **Sauce ibizaise**. Dazu wird der Estragonessig einfach durch zwei Eßlöffel Frusip's-Essig Blutorange (siehe *Seite 33*) ersetzt. Auch sie paßt sehr gut zu Gemüse und Gegrilltem.

Cocktaildressing

200 g	leichte Mayonnaise (siehe *Seite 70*)
4 EL	Tomatenketchup „Mafiosi" (siehe *Seite 69*)
	einige Spritzer Cognac
	Salz, Pfeffer

Alle Zutaten miteinander vermengen. Mit Salz und Pfeffer abschmecken und servieren. Die Cocktailsauce schmeckt hervorragend zu Krustentieren, aber auch zu geräuchertem Lachs oder zum Beispiel als Dressing zu einem feurigen Rindfleischsalat (siehe *Seite 76*).

Traubensauce

100 g	Rosinen oder frische Trauben
2 EL	Rotweinessig
$\frac{1}{2}$	Knoblauchzehe
$\frac{1}{2}$	Zwiebel
$\frac{1}{8}$ l	Brühe
$\frac{1}{2}$ TL	Ballastsüße
25 g	gehackte Mandeln
2 EL	Traubenkernöl
	Salz, Pfeffer

Rosinen ca. eine Stunde in Rotweinessig einweichen. Frische Trauben vorher halbieren. Knoblauch und Zwiebel feinhacken, zusammen mit Brühe, Ballastsüße, Rosinen und Gewürzen erhitzen. Ca. zehn Minuten köcheln, Mandeln zugeben und alles fein pürieren. Bei frischen Trauben weniger Flüssigkeit verwenden. Traubenkernöl unterrühren und abschmecken. Paßt gut als Sauce zu gegrilltem Fleisch, Wild und Pilaw.

Abb. 7: Traubenkernöl

Klassische Vinaigrette

2 EL	Essig
	Salz
	schwarzer Pfeffer
$\frac{1}{2}$–1 TL	Senf
5–6 EL	Öl
evtl. 2 EL	gehackte Kräuter, z. B. Petersilie, Schnittlauch, Kerbel, Estragon

Essig mit Salz verrühren, bis dieses sich gelöst hat. Pfeffer und Senf untermischen, dann nach und nach das Öl einrühren. Wenn Sie neutralen Essig oder Öl verwenden, können Sie noch zwei Eßlöffel gehackte Kräuter zugeben. Servieren Sie die Vinaigrette mit einem Salat Ihrer Wahl.

Empfehlenswerte Kombinationen von Essig und Öl:

- Balsamicoessig und Olivenöl
- Ansatzessig Chili (siehe *Seite 38*) und Würzöl Knoblauch-Ingwer (siehe *Seite 63*)
- Ansatzessig Limette (siehe *Seite 36*) und Würzöl Petersilie (siehe *Seite 63*)
- Ansatzessig „Provence" (siehe *Seite 38*) und Würzöl Pilz (siehe *Seite 63*)

Wenn Sie sich schon einmal darüber geärgert haben, daß der größte Teil einer leckeren Vinaigrette auf dem leeren Tel-

Abb. 8

Pesto zu Pasta

75 g	Kürbiskerne
1 Bund	Petersilie, glatt
2	Knoblauchzehen
5 EL	Kürbiskernöl
5 EL	Sonnenblumenöl
	Salz, Pfeffer

Kürbiskerne im Mörser zerstoßen, Petersilie und Knoblauch feinhacken, in

Abb. 9: Pesto

ler geblieben ist und der Salat ein bißchen trocken war, dann versprechen wir an dieser Stelle Abhilfe. Wir haben uns nämlich eine halbfeste Vinaigrette mit Konjac-Konzentrat ausgedacht, mit der dies nicht mehr passiert. Diese hat außerdem noch einen weiteren Vorteil: Durch das zugesetzte Konjac-Konzentrat läßt sich der Ölanteil hier reduzieren. Ein Rezept für die leichte Küche also. Serviert wird die Vinaigrette mit einem Salat nach Wahl.

Halbfeste Vinaigrette

3 EL	Essig
3 Msp.	Konjac-Konzentrat HT
2 EL	ÖL

Essig mit Konjac-Konzentrat andicken, einige Minuten stehenlassen. Dann Öl zugeben und verrühren, bis eine homogene Sauce entsteht.

den Mörser geben, Öle und Gewürze dazu. Alles zu einer Paste verrühren. Nach Geschmack mit geraspeltem Käse, zum Beispiel Parmesan, verfeinern. Paßt am besten zu Spaghetti oder geröstetem Weißbrot.
Variation: Nehmen Sie statt der Kürbiskerne gehackte Walnüsse. Dann sollten Sie aber die Petersilie durch Basilikum und das Kürbiskernöl durch Walnußöl ersetzen.

Suppen

Die Mengen aller folgenden Gerichte sind – soweit nicht anders angegeben – für vier Personen vorgesehen.

Scharfe Paprikacremesuppe

6	rote und gelbe Paprikaschoten
3 EL	Olivenöl
3	Schalotten, gehackt
100 ml	Ansatzessig Chili (siehe *Seite 38*)
4 EL	Tomatenmark
600 ml	Gemüsebrühe
	Salz, Pfeffer
3 EL	Crème fraîche
	Basilikumblättchen und gehackte Macadamianüsse

Die Schale der Paprika mit einem Spargelschäler entfernen. Geschälte Paprika vierteln, entkernen und würfeln. Olivenöl in einem Topf erhitzen und Schalottenwürfel darin glasig werden lassen, Paprikawürfel zufügen und etwa fünf

Abb. 10: Ansatzessig Chili

Minuten schwitzen lassen. Mit Ansatzessig Chili ablöschen und etwas einkochen lassen. Tomatenmark und Brühe zufügen und ca. zehn Minuten köcheln lassen. Suppe pürieren und mit den Gewürzen feurig pikant abschmecken. Zum Schluß Crème fraîche unterrühren und mit Basilikumblättchen und Macadamianüssen bestreut servieren. Dazu geröstetes Weißbrot reichen.

Algensuppe

25 g	getrocknete Algen (Kombu)
1	Frühlingszwiebel (25 g), in feine Ringe geschnitten
1	Möhre, feingestiftelt
50 g	Naturreis
1 EL	neutrales Öl
1–1,2 l	Gemüse- oder Hefebrühe
	Salz, schwarzer Pfeffer
1 Stück	Zitronengras, ca. 10 cm
3 EL	Würzöl Shrimps (siehe *Seite 64*)

Algen etwa eine Stunde in Wasser einweichen. Frühlingszwiebel, Möhre und rohen Reis kurz in Öl anbraten und mit der Brühe aufgießen. Die Algen in feine Streifen schneiden und zugeben.
Mit Salz, Pfeffer und Zitronengras würzen, ca. 20 Minuten leicht köcheln lassen, zum Schluß das Würzöl unterrühren und servieren.

Wenn der Essig mit dem Öl – leckere Salate

Erdbeer-Spargelsalat mit Balsamico-Himbeer-Marinade

Für die Marinade:

100 ml	Balsamicoessig
100 ml	Frusip's-Essig Himbeere (siehe *Seite 34*)
100 ml	Gemüsebrühe
	Salz, Pfeffer
evtl. 1 Tabl.	Lightsüß HT

Aus den beiden Essigsorten und der Brühe eine Marinade rühren und mit Salz, Pfeffer und je nach Geschmack Lightsüß HT abschmecken.

Für den Salat:

500 g	grüner und weißer Spargel
500 g	Erdbeeren
100 g	Garnelen
50 g	gehackte Pistazien

Weißen Spargel ganz und grünen Spargel nur am unteren Ende schälen und in kochendem Wasser ca. zehn Minuten garen. Dazu erst den weißen Spar-

Abb. 11: Erdbeer-Spargelsalat mit Balsamico-Himbeer-Marinade

gel und vier Minuten später den grünen Spargel ins Wasser geben. In der Zwischenzeit Erdbeeren waschen, putzen und vierteln. Gegarten Spargel in ein Zentimeter große Stücke schneiden, mit den Erdbeeren vermengen und die Marinade darübergeben. Mit Garnelen und gehackten Pistazienkernen bestreut servieren.

Gruß aus Jerez

Für die Sauce:

5 EL	Sherryessig
2 EL	ÖL, z. B. Distelöl
1 EL	Ballastsüße HT
1 EL	Sesamsamen
evtl. 1 TL	scharfer Senf

Alles gut verrühren.

Für den Salat:

1	kleine Sellerieknolle
1–2	Birnen
1	Möhre
1	kleiner Rettich
½	frische Gurke oder 4 Gewürzgurken
100 g	gekochter Schinken, gewürfelt

Sellerie schälen, in ein Zentimeter dicke Scheiben schneiden und etwa fünf Minuten weichkochen. Anschließend Selleriescheiben und restliche Zutaten in feine Stäbchen schneiden und mit dem Schinken vermischen. Sauce darübergeben.

Grapefruit-Feldsalat mit Putenbruststreifen

Für die Vinaigrette:

6 EL	Frusip's-Essig Zitrone-Limette (siehe *Seite 34*)
8 EL	neutrales Öl, z. B. Sonnenblumenöl
1	Schalotte, kleingehackt
	Salz, Pfeffer
1 Prise	Zucker

Aus Essig und Öl eine Vinaigrette zubereiten. Schalottenwürfel einrühren und mit Salz, Pfeffer und Zucker abschmecken.

Für den Salat:

½	rosa Grapefruit
ca. 250 g	Feldsalat
1	kleiner Radicchio
1 EL	Sonnenblumenkerne, gehackt
100 g	Putenbrust
	Salz, Pfeffer
1 EL	neutrales Öl (zum Anbraten)

Grapefruit filetieren, Feldsalat belesen und Radicchio in mundgerechte Stücke zupfen. Alles mit der Vinaigrette mischen und mit Sonnenblumenkernen bestreuen. Die Putenbrust salzen und pfeffern, in Streifen schneiden und anbraten. Die fertigen Fleischstreifen über den Salat verteilen und servieren.

Grüner Erdbeersalat

Für die Sauce:

2 EL	Walnußöl
2 EL	Frusip's-Essig Rote Traube (siehe *Seite 33*)
3 EL	Joghurt, evtl. LaBiDa-Joghurt HT
1	Schalotte, kleingehackt
	Salz, Pfeffer

Öl, Essig, Joghurt und Schalotte zu einer Salatsauce verrühren und mit Salz und Pfeffer abschmecken.

Für den Salat:

1	kleiner Kopf grüner Eichblattsalat
½ Pfund	Erdbeeren, halbiert
2 EL	Walnußkerne, gehackt

Eichblattsalat in Stücke zupfen, mit Erdbeeren mischen. Salatsauce darübergeben, erneut mischen und mit Walnußstückchen bestreuen.

Tabula

2 Sträußchen	Petersilie, glatt
4	Fleischtomaten
2 EL	Sesamöl
4 EL	Rosinenessig
	Salz, Peffer
2 EL	geröstete Sesamkörner
2 EL	geschälte und geröstete Sonnenblumenkerne

Petersilie in Streifen schneiden, Tomaten würfeln und mit Sesamöl und Essig

Abb. 12 a+b: Besonders fein verteilt sich das Aroma des Essigs, wenn Sie einen Zerstäuber benutzen.

Abb. 13: Pikanter Obstsalat

vermengen. Mit Salz und Pfeffer abschmecken und mit den trockenen, in der Pfanne gerösteten Sesam- und Sonnenblumenkernen bestreuen. Reichen Sie knuspriges Brot als Beilage.

Pikanter Obstsalat

Für die Vinaigrette:

4 EL	Frusip's-Essig Apfel-Cranberry (siehe *Seite 34*)
4 EL	Traubenkernöl
2 EL	neutrales Öl
	Salz, Pfeffer, Zucker

Essig und Öle zu einer Vinaigrette verrühren und mit Salz, Pfeffer, Zucker abschmecken

Für den Salat:

3	Chicorée
je 150 g	grüne und blaue Weintrauben
1	Apfel, kleingeschnitten
1	Apfelsine, kleingeschnitten
200 g	Ziegenfrischkäse
	frisch gemahlener Pfeffer,
	Paprika edelsüß,
	getrockneter Basilikum
	evtl. Weinblätter

Das bittere Innere des Chicorée kegelförmig entfernen, halbieren und in Streifen schneiden. Weintrauben halbieren und entkernen. Chicorée, Weintrauben, Apfel- und Apfelsinenstückchen mit der Vinaigrette mischen. Einzelne Chicoréeblätter auf Tellern verteilen und Salat einfüllen. Ziegenfrischkäse zu kleinen Bällchen formen und in Pfeffer, Paprika oder Basilikum wälzen und auf dem Salat anrichten. Sie können auch Weinblätter als Unterlage wählen.

Feuriger Rindfleischsalat

300 g	Roastbeaf
100 g	Silberzwiebeln
100 g	Mais
2	rote Paprika
1	Peperoni
300 g	gekochter Reis
250 g	Cocktailsauce (siehe *Seite 71*)
50 ml	Ansatzessig Chili (siehe *Seite 38*)

Roastbeaf in feine Streifen schneiden, Silberzwiebeln und Mais abgießen, Paprika und Peperoni vierteln, entkernen, waschen und ebenfalls in Streifen schneiden. Vorbereitete Zutaten mit dem Reis mischen. Cocktailsauce mit dem Essig verdünnen und über den Salat gießen. 30 Minuten ziehen lassen und servieren.

Afrikanischer Auberginensalat mit Erdnußbutter

3	Auberginen
3–5 EL	Erdnußöl
1	Knoblauchzehe, gehackt
3	Tomaten
3 EL	Erdnußbutter
	Cumin (Kreuzkümmel)
	Salz, Pfeffer

Auberginen schälen und in feine Scheiben schneiden, nacheinander in jeweils einem Eßlöffel Erdnußöl mit dem Knoblauch durchbraten. Tomaten würfeln und mit Erdnußbutter und Auberginenscheiben mit einer Gabel verkneten. Mit Kreuzkümmel, Salz und Pfeffer würzen. Kalt mit Weißbrot servieren.

Meeresfrüchtesalat

Für die Sauce:

5 EL	Würzöl Meerrettich (siehe *Seite 63*)
3 EL	Weißweinessig
1	rote Zwiebel, gehackt
	Salz, Pfeffer
½	Zitrone (abgeriebene Schale)

Öl und Weinessig verrühren, gehackte Zwiebel zugeben und mit Salz, Pfeffer und Zitronenschale abschmecken.

Für den Salat:

200 g	frisches Lachsfilet, ohne Haut
3 EL	neutrales Öl
200 g	Scampi
1	kleiner Radicchio, in feine Streifen geschnitten
1	grüner Eichblattsalat
	evtl. geröstete Sonnenblumenkerne
evtl. 200 g	Mies- oder Jakobsmuscheln, vorgekocht

Lachs im Öl kurz anbraten und in mundgerechte Stücke zerteilen. Anschließend die Scampi in dem Öl anbraten. Eichblattsalatblätter auf großen Tellern arrangieren, Radicchiostreifen darauf verteilen und Meeresfrüchte zugeben. Alles mit der Salatsauce übergießen und eventuell mit gerösteten Sonnenblumenkernen bestreuen.

Kartoffel-Rucola-Salat

Für das Dressing:

4 EL	Balsamicoessig
50 ml	Gemüsebrühe
	Salz, Pfeffer, Zucker
100 ml	Würzöl Walnuß (siehe *Seite 64*)

Essig und Brühe mit Salz, Pfeffer sowie Zucker abschmecken und das Öl unterschlagen.

Für den Salat:

500 g	gekochte Pellkartoffeln
1	rote Zwiebel, kleingehackt
½	Salatgurke, gewürfelt
125 g	Rucola, in Streifen geschnitten

Pellkartoffeln abpellen und in dünne Scheiben schneiden. Alle Salatzutaten vermischen und das Dressing unterheben.

Vorspeisen und Beilagen

Bella Italia-Antipasti: Getrocknete Tomaten

10	Strauchtomaten
5 EL	Würzöl Knoblauch (siehe *Seite 63*)

Tomaten kreuzweise einschneiden und mit kochendem Wasser überbrühen, häuten, vierteln und das weiche Innere entfernen. Backofen auf 100 °C vorheizen. Tomatenviertel auf ein Backblech legen und mit Knoblauchöl einstreichen. Etwa zehn Minuten im Backofen trocknen lassen. Eine wunderbare Vorspeise!
Getrocknete Tomaten sind eine ligurische Delikatesse und in Deutschland nur zu einem sehr hohen Preis in italienischen Spezialitätengeschäften erhältlich. Bereitet man diese Köstlichkeit wie oben beschrieben selbst zu, sind die

Abb. 14: Meeresfrüchtesalat

Abb. 15: Getrocknete Tomaten, eine ligurische Delikatesse.

Kosten sehr gering, der Geschmack jedoch ist einzigartig.

Gegrillter Feta mit beschwipster Tomate

4 Scheiben	Vollkorntoast
6 EL	Würzöl Knoblauch (siehe *Seite 63*)
3 EL	Ouzo
300 g	Schafskäse
3	Tomaten, in Scheiben geschnitten
	Salz, Pfeffer
1 Bund	Basilikum

Brotscheiben toasten. Öl und Ouzo gut verrühren. Schafskäse in einen halben Zentimeter dicke Scheiben schneiden, auf das Brot legen. Käse mit der Hälfte der Öl-Ouzo-Mischung beträufeln, dann Tomatenscheiben auflegen und die andere Hälfte der Mischung aufträufeln. Mit Salz und Pfeffer würzen. Toast auf ein mit Backpapier ausgelegtes Backblech setzen und im vorgeheizten Backofen bei 200 °C ca. fünf bis sechs Minuten überbacken. In der Zwischenzeit Basilikum waschen, trockentupfen und in feine Streifen schneiden. Toast vor dem Servieren mit Basilikum bestreuen.

Gebackene Olivennester

Für den Teig:

400 g	Mehl (Type 550) oder 350 g Vollkornmehl und 50 g Weizenkleber
1 Päckchen	Trockenhefe (7 g)
2 Msp.	Reinlecithin P
1 TL	Zucker
125 ml	Wasser, lauwarm
125 ml	Milch, lauwarm
2 EL	Olivenöl

Alle trockenen Zutaten miteinander mischen. Wasser, Milch und Olivenöl zugeben und den Teig gut durchkneten. Dann etwa eine Stunde ruhen lassen.

Für die Füllung:

4 EL	Würzöl Rosmarin-Limette (siehe *Seite 64*)
ca. 500 g	grüne Oliven ohne Kern, gehackt
2	Knoblauchzehen, gehackt
1	Zwiebel, gehackt
	Salz, Pfeffer

Zutaten für die Füllung gut mischen und mit Salz und Pfeffer abschmecken. Backofen auf 185 °C vorheizen, Teig noch einmal durchkneten und auf dem Backblech zehn runde Fladen formen, nochmals zehn Minuten gehen lassen. In jeden Fladen eine kleine Mulde drücken und etwas Füllung darin verteilen. Im Backofen 20 bis 25 Minuten knusprig braun backen und warm servieren.

Tortilla mit Chili

Für den Teig:

240 g	Weizen-Vollkornmehl
10 g	Weizenfaser
2	Eigelb
½ l	Milch
	bratfestes Öl, z. B. Sonnenblumenöl

Mehl, Weizenfaser und Eigelb mischen, Milch nach und nach zugeben und mit dem Mixer zu einem glatten Teig verrühren. Wenig Öl in der Pfanne erhitzen, dünne Pfannkuchen ausbacken und warmstellen.

Für die Tortillafüllung:

250 g	Kidneybohnen, weich
4 EL	Würzöl Chili (siehe *Seite 62*)
1 TL	Cumin (Kreuzkümmel)
½ TL	Zucker
	Salz, Pfeffer, Paprika edelsüß
1 Bund	Petersilie, glatt

Alles zusammen – außer Petersilie – fein pürieren und mit Salz, Pfeffer und

Abb. 16: Gebackene Olivennester

Paprika abschmecken. Einen Bund glatte Petersilie feinhacken, untermischen, als Füllung auf die Tortillas geben und zuklappen.

Champignons „Lorbeer-Pfeffer"
Alternativ zu den verwendeten Pilzen können hier Gemüse wie Auberginen, Zucchini, Brokkoli oder Paprika mariniert werden.

200 ml	Ansatzessig Lorbeer-Pfeffer (siehe *Seite 38*)
200 ml	Weißwein
1 TL	Salz
500 g	Champignons oder Gemüse, geviertelt
	Sonnenblumenöl

Essig und Wein in einem Topf erhitzen, Champignons oder Gemüse zugeben und zehn Minuten köcheln. Salzen und abkühlen lassen. Die Gemüse müssen eventuell etwas länger kochen. In ein 1-Liter-Weckglas füllen und Öl vorsichtig auf die Oberfläche geben, Glas mit Folie verschließen und mindestens eine Woche im Kühlschrank marinieren. Schmeckt besonders lecker zu warmem Baguette.
Variation: Etwas säuerlicher schmeckt eine Variation mit je 200 Millilitern Ansatzessig Blaubeere (siehe *Seite 35*) und „Provence" (siehe *Seite 38*). Nehmen Sie dann statt des Sonnenblumenöls besser Olivenöl.

Himbeer-Basilikum-Aspik

1 EL	Pulvergelatine
80 ml	Wasser
120 ml	Ansatzessig Himbeere (siehe *Seite 35*)
4 gestr. TL	Inulin
4 TL	Isomalt

Gelatine in Wasser einweichen und quellen lassen, dann kalt in Essig lösen. Inulin und Isomalt in Essig lösen. Alles erwärmen, wegen der Gelatine aber nicht kochen, bis die Masse wieder flüssig ist. In eine viereckige Form gie-

Abb. 17

Abb. 18

ßen (ca. ein Zentimeter Höhe) und kalt stellen (ca. eine Stunde). Eine ausgefallene und schmackhafte Beilage zu Wildgerichten, kurz gebratenem Rindfleisch oder Salaten. Mit dieser Beilage liegen Sie voll im Trend, da auch immer mehr Spitzenköche ihre herzhaften Gerichte mit fruchtigen Zutaten verfeinern.

Variation: Lösen Sie statt Inulin und Isomalt einen Eßlöffel Isomalt und zwei Eßlöffel Oligofruct in drei Eßlöffeln Frusip's Minze und geben Sie diese Mischung zu 120 Millilitern Ansatzessig Limette (siehe *Seite 36*).

Russische Eier

3	Eier
1 EL	Distelöl
2 EL	Ansatzessig Zimt-Tomate (siehe *Seite 38*)
3	Sardellen
1 EL	Kaviarersatz
	Salz, Pfeffer

Eier hart kochen und pellen, dann jedes Ei längs halbieren. Eigelb herausheben und mit Öl und Essig verkneten. Masse in die Eihälften geben und mit Sardellen und Kaviarersatz garnieren, mit Salz und Pfeffer würzen.

Liesel's Pellkartoffeln

800 g	Pellkartoffeln
500 g	Magerquark
2–3 EL	Leinöl
4	Gewürzgurken, gewürfelt
	Salz, Pfeffer

Kartoffeln sorgfältig säubern, eventuell abbürsten und 20 bis 25 Minuten garkochen. Magerquark mit dem Leinöl und Gurkenwürfeln verrühren, mit Salz und Pfeffer abschmecken. Die Schale der fertigen Kartoffeln kreuzweise einritzen und mit dem Quark auf dem Teller anrichten.

Französische Ofenkartoffeln

8	mittelgroße Kartoffeln
100 ml	Würzöl Provence (siehe *Seite 63*)
	einige Rosmarinnadeln, gehackt
	Salz, Pfeffer

Kartoffeln sorgfältig waschen, sauber bürsten, mit Küchenkrepp trocknen und längs halbieren. Würzöl mit den Rosmarinnadeln verrühren. Kartoffeln auf ein mit Backpapier ausgelegtes Backblech setzen und die Schnittflächen mit Öl bestreichen. Zum Schluß etwas Salz und Pfeffer aufstreuen und die Kartoffeln im vorgeheizten Backofen bei 200 °C ca. 30 bis 40 Minuten garen.
Zum Beispiel als Beilage zu kurzgebratenem Lammfleisch servieren.

Abb. 19: Französische Ofenkartoffeln

Hauptgerichte

Besonders gut schmecken Fleisch und Fisch, wenn sie einige Zeit in einer Marinade gezogen haben. Das macht sie zart und verleiht ihnen ein ganz besonderes Aroma. Deshalb an dieser Stelle ein Grundrezept für eine Marinade, das sie mit den verschiedenen Essigen variieren können. Welche Essigsorte geschmacklich zu welchen Fleisch- oder Fischgerichten paßt, finden Sie in den Rezeptvorschlägen zu den Essigen ab *Seite 32*.

Grundrezeptur für eine Marinade

1 Teil	Essig
1 Teil	bratfestes Öl, z.B. Sonnenblumenöl
2 Teile	Brühe

Als Variante einen Teil der Brühe durch einen Teil Wein ersetzen oder die Brühe ganz weglassen und statt dessen Buttermilch nehmen. Alles gut verrühren.

Sauerbraten „Feige" à la Hobbythek

Für die Marinade:

400 ml	Ansatzessig Feige (siehe *Seite 36f.*) mit Feigenstückchen
400 ml	Wasser
	Salz, frischgemahlener grüner Pfeffer

Essig und Wasser gut verrühren. Mit Salz und Pfeffer würzig abschmecken.

Abb. 20: Ansatzessig Feige

Für das Fleisch:

500 g	Rinderbrust
4 EL	bratfestes Öl, z.B. Sonnenblumenöl
100 ml	Sahne
1 Meßl.	Konjac-Konzentrat HT
6	frische Feigen

Das Fleisch zunächst mindestens zwei Tage in der Marinade ziehen lassen, dabei muß es vollständig bedeckt sein. Am besten geht das in einem gut geschlossenen Gefrierbeutel. Nach dem Einlegen den Braten mit Küchenkrepp gut abtrocknen und in heißem Öl von allen Seiten anbraten. Anschließend mit der Marinade ablöschen und zwei Stunden im geschlossenen Topf schmoren lassen. Den Braten dabei mehrmals wenden und Flüssigkeit nachgießen. Die Bratensauce durch ein Sieb geben. Die Sauce mit Sahne verfeinern, danach das Konjac-Konzentrat langsam unter Rühren einstreuen. Abgesiebte Feigenstückchen aus dem Essig wieder hinzugeben. Mit Semmelknödeln und frischen, in Spalten geschnittenen Feigen servieren.

Pommersche Schmorwurst

70 g	Honigkuchen (ca. 5 Scheiben)
50 ml	Malzbieressig
50 ml	Malzbier
4	Schmor- oder Bratwürste
2 EL	bratfestes Öl, z.B. Rapsöl
1 TL	Mehl
1	Zwiebel, gespickt mit 3 Pimentkörnern, 3 Pfefferkörnern und 3 Gewürznelken
100 ml	Malzbier
50 ml	Wasser
ca. 1 EL	Malzbieressig
½ TL	Zucker oder 1 Tabl. Lightsüß

Honigkuchen in Essig und 50 Milliliter Malzbier einweichen. Die Wurst mehrfach einstechen, mit kochendem Wasser übergießen und anschließend etwa 20 Minuten braten. Wurst herausnehmen und warmhalten. In den Bratensaft unter Rühren einen Teelöffel Mehl stäuben und so eine Mehlschwitze herstellen. Eingeweichten Honigkuchen und Zwiebel dazugeben und mit 100 Millilitern

Malzbier und dem Wasser ablöschen. Mit Malzbieressig abschmecken, Zucker beziehungsweise Lightsüß einrühren. Wurst wieder in die Sauce geben. Mit Kartoffelpüree und Rotkohl servieren.

Entenbrust mit Balsamicoschalotten

2	Entenbrüste
2 EL	bratfestes Öl, z. B. Sojaöl
200 ml	Balsamicoessig
200 ml	Brühe
8	kleine Schalotten, geviertelt

Entenbrust auf der Hautseite im Öl scharf anbraten. Dann im Backofen ca. 10 bis 15 Minuten bei 150 °C ziehen lassen. Bratsatz der Entenbrüste mit Essig und Brühe ablöschen. Schalotten zufügen und alles mindestens auf die Hälfte einkochen lassen. Entenbrüste in Scheiben schneiden und mit den Balsamicoschalotten überziehen. Dazu schmeckt Kartoffelgratin und unser Himbeer-Basilikum-Aspik (siehe *Seite 79*).

Thanksgiving Menü für Hobbythekler

Für die Cointreau-Marinade:

3 EL	Cointreau
1 EL	Honig
1 EL	Senf

Alles gut vermischen.

Für das Fleisch:

1	Apfel, kleingeschnitten
1	Quitte, kleingeschnitten
2 EL	Frusip's-Essig Quitte (siehe *Seite 34*)
1	Truthahn oder Pute (ca. 5 Pfund)
1 EL	neutrales Öl
	Frusip's-Essig Quitte, Salz, Pfeffer
1 Meßl.	Konjacmehl

Apfelstücke, Quittenstücke und Essig miteinander vermengen und den Truthahn damit füllen. Diesen mit Öl einreiben und im Backofen bei 220 °C mindestens zwei Stunden garen. Zwischendurch mit dem austretenden Bratensaft begießen. Den Truthahn gegen Ende der Garzeit mit der Cointreau-Marinade bestreichen und fünf Minuten grillen. Bratensaft mit Essig abschmecken, mit Salz und Pfeffer würzen und leicht mit Konjacmehl andicken. Truthahn mit süßen Kartoffeln und unserem Kürbis-Chutney „Halloween" (siehe *Seite 67*) servieren. Wer es ganz amerikanisch liebt, serviert zum „Turkey" einen mit kleingeschnittenen Marshmallows zubereiteten Obstsalat.

Abb. 21

Würzige Thailandspieße

600 g	Hähnchen- oder Putenbrust oder Schweinefleisch
1	Zwiebel, kleingehackt
1 EL	chinesische Würzmischung
1 Msp.	Sambal Olek (asiatische Würzpaste)
1	kleine Peperoni, gehackt
1 TL	Zucker
4 EL	Sojasauce
150 g	gesalzene Erdnüsse
	Cayennepfeffer
1 TL	Kurkuma
5 EL	Obst- oder Reisessig
100 ml	bratfestes Öl, z. B. Erdnußöl

Fleisch in mundgerechte Stücke schneiden. Für die Marinade die Zwiebel, Gewürze, Peperoni und Zucker mischen, anschließend die Sojasauce unterrühren. Erdnüsse feinhacken, mit Cayennepfeffer würzen und unter die Mischung rühren. Kurkuma zugeben, Essig unterrühren und unter Aufschlagen das Öl hineinfließen lassen. Fleisch auf Schaschlikspieße stecken, in der Marinade wenden und einige Minuten auf dem heißen Grill braten. Nochmals mit der Marinade bestreichen und weitere 15 Minuten grillen. Dazu schmecken Reis, Salate oder einfach knuspriges Brot.

Edelfisch-Ragout mit spritzigem Limetten-Rahm

200 g	Vollkornreis
500 g	Fischfilet, z. B. Lachs, Steinbeißer, Catfish, Viktoriabarsch
1	Zitrone (Saft)
	Salz, Pfeffer
3 EL	Olivenöl
200 ml	Ansatzessig Limette (siehe *Seite 36*)
1 Becher	Sauerrahm oder Schmand

Reis nach Packungsanweisung kochen. Fisch säubern, mit Zitronensaft säuern, würzen und in mundgerechte Stücke schneiden. Olivenöl in einer Pfanne oder einem Topf erhitzen, Fischfilets etwa fünf Minuten darin andünsten, mit Ansatzessig Limette ablöschen, einkochen lassen und zum Schluß den Sauerrahm unterrühren. Noch einmal mit Salz und Pfeffer abschmecken.

Das Edelfisch-Ragout zum Reis servieren. Das Gericht gelingt natürlich genauso gut mit Rotbarsch- und Seelachsfilet, aber man gönnt sich ja sonst nichts.

Gegrillte Schwertfischsteaks mit Chilisauce

Für die Marinade:

½	grüne Paprika
2–3	Knoblauchzehen
2 TL	Chilipulver
5 EL	Würzöl Chili (siehe *Seite 62*)

Die Paprika fein würfeln und mit dem zerdrückten Knoblauch, Chilipulver und Öl verrühren.

Für den Fisch:

2	Schwertfischsteaks à 350 g
2 EL	Zitronensaft
	Salz, Pfeffer

Die Fischsteaks unter fließend kaltem Wasser abwaschen und trockentupfen. Das Fleisch beiderseits von den Gräten lösen und halbieren, so daß vier Portionen entstehen. In eine flache Form legen, mit Zitronensaft übergießen, salzen und pfeffern. Die Marinade über die Steaks geben, mit Folie abdecken und eine Stunde marinieren. Zwischendurch wenden. Die Fischsteaks pfeffern und am besten in einer Aluschale auf den Grill legen. Auf jeder Seite drei bis vier Minuten grillen. Im Backofen müssen Sie die Schwertfischsteaks zehn Minuten bei 200 °C garen lassen.

Abb. 22: Ansatzessig Limette

Für die Chilisauce:

½	grüne Paprika
½	gelbe Paprika
1–2	Chilischoten, scharf
evtl. 2	Knoblauchzehen
1	kleine Zwiebel
2 EL	Tomatenketchup, z. B. Tomatenketchup „Mafiosi" (siehe *Seite 69*)
1	Zitrone (Saft)
	Ingwer, Chilipulver, Pfeffer

Paprika und Chilischoten kleinwürfeln und mit den gehackten Knoblauchzehen und der kleingeschnittenen Zwiebel pürieren. Das Püree mit Tomatenketchup und Zitronensaft verrühren. Mit Ingwer, Chilipulver und Pfeffer abschmecken. Sauce über den Fisch geben und mit Reis servieren.

Scampi Shanghai

200 g	Thai Reis, bunter Reis oder Vollkornreis
3 EL	bratfestes Öl, z. B. Erdnußöl
16	Garnelen
300 g	asiatisches Gemüse (TK)
200 ml	Reisessig („Su")
200 ml	Reisschnaps („Mirin") oder Sherry oder Sherryessig
100 ml	Sojasauce

Reis nach Packungsanweisung kochen. Öl in einer Pfanne erhitzen, Garnelen kurz – etwa zwei bis drei Minuten – darin anbraten, Gemüse zufügen und etwa zehn Minuten mitdünsten. Alles mit Essig, Mirin und Sojasauce ablöschen. Reis zu den Scampis servieren.

Schalotten-Tarte Rosé

Für den Teig:

270 g	Mehl
20 g	Apfel-Weizen-Ballast HT
120 g	Butter
100 ml	Wasser
1 TL	Salz

Mehl, Apfel-Weizen-Ballast, Butter und Wasser sowie eine Prise Salz mit den Knethaken des Mixers zu einem Teig vermengen, mit den Händen anschließend gut durchkneten und eine halbe Stunde kaltstellen.

Für den Belag:

40 g	Isomalt
20 g	Sorbit
500 g	Schalotten, in Scheiben geschnitten
100 ml	Ansatzessig Walnuß (siehe *Seite 37*)
	Salz, Pfeffer
150 g	Schmand oder saure Sahne
2	Eigelb
200 g	Schnittkäse (Gouda, Appenzeller), gerieben

Isomalt und Sorbit mischen und in einer Pfanne erhitzen, bis die Mischung schmilzt. Dann die Schalotten zugeben und mit dem Essig ablöschen. Mit Salz und Pfeffer würzen und zehn Minuten köcheln lassen. Schmand mit Eigelb und Käse verrühren.

Abb. 23: Reisessig

Teig ausrollen und in eine Tarteform drücken, Schalotten daraufgeben und die Eigelb-Käse-Masse darüber verteilen. Im vorgeheizten Backofen bei 220 °C etwa 20 Minuten backen. Schmeckt warm am besten.

Desserts

Gebackener Ziegenkäse mit Papaya in Himbeeressig

2	Papaya
200 ml	Frusip's-Essig Himbeere (siehe *Seite 34*)
500 g	Ziegenkäse oder Feta aus Kuhmilch
1	Eigelb
	grob geriebener bunter oder schwarzer Pfeffer
4 EL	bratfestes Öl, z. B. Sonnenblumenöl
100 g	Himbeeren

Papayas in Scheiben schneiden und mit dem Essig etwa zwei bis drei Stunden marinieren. Ziegenkäse in vier Stücke schneiden. Mit Eigelb beträufeln und im Pfeffer wenden. In Öl etwa sieben bis acht Minuten knusprig ausbacken. Papayascheiben auf einem Teller anrichten, Himbeeren darübergeben und zum Schluß den ausgebackenen Ziegenkäse daraufsetzen. Eventuell noch mit buntem Pfeffer bestreuen und heiß servieren.

Karibik-Salat

750 g	Früchte (Mango, Papaya, Feigen, Bananen, Ananas, Melone)
4 EL	Würzöl Zimt (siehe *Seite 64*)
1 EL	Frusip's Vanille
2 EL	Obstessig
50 g	Schmand
1 Handvoll	frische Minzeblätter
	etwas Zitronen- oder Limettensaft
1 Prise	Rohrzucker oder normaler Zucker
40 g	Kokoschips oder Kokosflocken

Früchte kleinschneiden. Öl, Frusip's, Obstessig und Schmand zu einer Salat-

sauce verrühren, gehackte Minzeblätter dazugeben, mit Zitronensaft und Zucker abschmecken. Anschließend mit dem Obst vermischen und mit Kokoschips bestreut servieren.
Tip: Verwenden Sie die Vanille-Variation des Würzöl Zimt. Lassen Sie in diesem Fall aber den Frusip's Vanille weg.

Olivenölcreme

Jeder kennt die Olive als Beilage zum Cocktail. Aber Olivenöl in einer Süßspeise? Man mag es kaum glauben, aber diese Creme schmeckt wunderbar und sollte unbedingt einmal gekostet werden. Basis für diese ungewöhnliche Nachspeise ist die Bayerische Creme.

250 ml	Milch
½	Vanillestange oder 2 EL Frusip's Vanille
2	Eigelb
80 g	Zucker oder Isomalt
1 EL	Pulvergelatine
60 ml	Olivenöl
100 ml	Sahne
6 EL	Gin
6 EL	Martini

Milch mit Vanillestange oder Frusip's Vanille erhitzen. Eigelb und Zucker mit einem Schneebesen in einer größeren Schüssel verrühren. Vanillestange entfernen, anschließend unter Rühren die heiße Milch nach und nach zugießen. Gequollene Gelatine, danach das Olivenöl zugeben und die Masse auf Eiswasser weiterrühren. Sahne steifschlagen und untermengen. Nach Geschmack mit Gin und Martini versetzen und im Kühlschrank kalt werden lassen.

Abb. 24: Gebackener Ziegenkäse mit Papaya in Himbeeressig

Crunchige Essigmousse

Für die Krokantherstellung:

40 g	gehackte Walnüsse
60 g	Zucker oder Isomalt
1 EL	bratfestes Öl, z. B. Sonnenblumenöl

Walnüsse in einer Pfanne ohne Fett anbräunen. Walnüsse herausnehmen und nun den Zucker bei milder Hitze schmelzen, bis er karamelisiert. Isomalt wird im Gegensatz zu Zucker nicht braun, diesen also nur flüssig werden lassen. Walnüsse wieder zufügen und kurz wenden. Die heiße Masse auf einem mit Öl bestrichenen Teller erkalten lassen.

Für die Mousse:

2	Eier
60 g	Zucker
80 ml	Frusip's-Essig Rote Traube (siehe *Seite 33*)
1 EL	Pulvergelatine
60 ml	Wasser
150 ml	Sahne
200 g	Weintrauben

Abb. 25

Weintrauben halbieren, entkernen und in eine flache Glasschale füllen. Krokant zerstoßen und über die Weintrauben streuen. Zum Dekorieren einige Weintrauben und etwas Krokant beiseite legen. Zum Schluß die noch nicht feste Mousse auf dem Krokant verteilen. Mit Weintrauben und Krokant dekorieren und zwei bis drei Stunden kaltstellen.

Café au lait glace

250 ml	Milch
4 EL	Zucker
1 geh. EL	Inulin 90 HT
1 Meßl.	Konjac-Konzentrat HT
3–4 EL	Würzöl Kaffee (siehe *Seite 62*)
evtl. 2 EL	Schmand

Eier trennen und Eigelb mit Zucker schaumig schlagen. Anschließend den Essig unterrühren. In Wasser vorgequollene Gelatine auf dem Herd bei milder Hitze verflüssigen (nicht kochen). Zunächst ein wenig von der Eigelbmasse unter die Gelatine rühren, dann diese Gelatinemischung ebenfalls unter Rühren in die restliche Eigelbmasse geben und glattschlagen. Creme kaltstellen und in der Zwischenzeit Eiweiß und Sahne getrennt steifschlagen. Sobald die Creme fest zu werden beginnt, Eischnee und Sahne unterheben.

Abb. 26: Café au lait glace

Die Milch direkt aus dem Kühlschrank mit dem Schneebesen aufschlagen. Zucker, Inulin und Konjac-Konzentrat trocken verrühren und während des Schlagens in die Milch einrieseln lassen. Das Öl und eventuell Schmand vorsichtig untermischen. Entweder direkt in die Eismaschine geben und 20 Minuten rühren oder in einem Gefrierbehälter mindestens zehn Stunden ins Eisfach stellen. Währenddessen mehrmals umrühren.

Essigtrüffel

2 EL	süße Sahne
100 g	Vollmilchschokolade, geraspelt
2 EL	Ansatzessig Rose (siehe *Seite 36*)
2 EL	Butter
	Kuvertüre für den Schokoüberzug

Sahne in einem kleinen Kochtopf auf 70 °C erhitzen und die geraspelte Schokolade schmelzen. Die Schokolade darf auf keinen Fall heißer werden als 50 °C (Thermometer). Den Topf vom Feuer nehmen, Essig zugeben und zum Schluß die Butter unterrühren. Die Masse im Kühlschrank erkalten lassen. Aus der Masse kleine Kugeln formen und einzeln in geschmolzene Kuvertüre tauchen. Auf einem feinen Rost fest werden lassen und im Kühlschrank aufbewahren.

Abb. 27

Register

BEZUGSQUELLEN

*COLIMEX-ZENTRALE, 50996 Köln, Ringstr. 46, Tel. 02 21 / 35 20 72, Fax 02 21 / 35 20 71; Auslieferungsläden: 32312 Lübbecke, Lange Str. 1, Stern-Apotheke, Tel. 0 57 41 / 77 07, Fax 0 57 41 / 31 08 87; 33102 Paderborn, Bahnhofstr. 18, St.-Christophorus-Drogerie, Tel. 0 52 51 / 10 52 13, Fax 0 52 51 / 10 52 52; 38300 Wolfenbüttel, Lange Herzogstr. 13, Tel. 0 53 31 / 29 83 70, Fax 0 53 31 / 29 85 70; 42105 Wuppertal, Karlsplatz 3, In der Rathausgalerie, Tel./ Fax 02 02 / 44 39 88; 42853 Remscheid, Alleestr. 74, Allee-Center, Tel./ Fax 0 21 91 / 92 79 63; 50171 Kerpen, Philipp-Schneider-Str. 2–6, Kaufhalle-Center, Tel./ Fax 0 22 37 / 92 23 52; 50226 Frechen, Hauptstr. 99–103, Marktpassage, Tel./ Fax 0 22 34 / 27 47 70; 50354 Hürth, Theresienhöhe, EKZ-Hürth/Arkaden, Tel./ Fax 0 22 33 / 70 85 38; 50667 Köln, Schildergasse, in «Emotions», Tel./ Fax 02 21 / 2 58 08 62; 50858 Köln-Weiden, Aachener Str. 1253, Rhein Center Köln-Weiden, Tel./ Fax 0 22 34 / 70 92 66; 51373 Leverkusen, Friedrich-Ebert-Platz 9; 51465 Bergisch Gladbach, Richard-Zanders-Str., Kaufhalle, Tel./ Fax 0 22 02 / 4 31 03; 51643 Gummersbach, Wilhelmstr. 7, Vollkorn Naturwarenhandel, Tel. 0 22 61 / 6 47 84; 52062 Aachen, «Lust for Life», Komphausbadstr. 10, Tel. / Fax 02 41 / 4 01 30 33; 53111 Bonn, Brüdergasse 4, Tel./ Fax 02 28 / 65 96 98; 53721 Siegburg, Am Brauhof 4, Tel./ Fax 0 22 41 / 59 11 60; 53797 Lohmar, Breidtersteegsmühle, Broich & Weber, Tel. 0 22 46 / 42 45, Fax 0 22 46 / 1 64 18; 56068 Koblenz, Hohenfelder Str. 22, Löhr-Center-Koblenz, Tel./ Fax 02 61/ 1 00 48 90; 57462 Olpe, Bruchstr. 13, Valentin-Apotheke, Tel./ Fax 0 27 61 / 51 90; 63739 Aschaffenburg, Steingasse 37, Colimex/Cleopatra, Tel. 0 60 21 / 2 64 64; 94032 Passau, Am Schanzl 10, Turm-Apotheke, Tel. 08 51 / 3 33 77, Fax 08 51 / 3 21 09; 95444 Bayreuth, Luitpoldplatz 3, Ars Vivendi – Lebenskunst in der Schloßgalerie, Tel. 09 21 / 5 16 93 02, Fax 09 21 / 5 16 93 03.
*DUFT & SCHÖNHEIT, 80331 München, Sendlinger Str. 46, Tel. 0 89 / 2 60 82 59.
*HEXENKÜCHE, 82152 Krailling, Luitpoldstr. 25, Tel. 0 89/ 8 59 31 35, Fax 0 89 / 8 59 31 36. MARGOTS BIOECKE, 51143 Köln-Porz, Wilhelmstr. / Container, Tel. 0 22 03 / 5 52 42, Fax 0 2203 / 59 30 65. *OMIKRON, 74382 Neckarwestheim, Ländelstr. 32, Tel. 0 71 33 / 1 70 81, Fax 0 71 33 / 1 74 65.
SPINNRAD/CERTUS HANDELS GmbH, Gutenbergring 36–38, 22848 Norderstedt; Auslieferungsläden: 03046 Cottbus, Flamingo-Apotheke, Bahnhofstraße 63, Tel.: 03 55 / 78 07 30; 04109 Leipzig, Naturparadies, Strohsackpassage, Nikolaistr. 6–10; Tel.: 03 41 / 9 61 22 05; 09337 Hohenstein-Ernsthal, Reformhaus Major Tee & Co., Dresdener Straße 5; Tel.: 0 37 23 / 39 61; 09350 Lichtenstein / Sachsen, Major's Tee & Co, Marktsteig 2, Tel.: 03 72 04 / 8 36 24; 09599 Freiberg, Apotheke im Kaufland, Häuersteig 8, Tel.: 0 37 31 / 7 62 74, E-Mail: wienberg@apotheke-kl-freiberg.de, www.kauflandapotheke-freiberg.de; 10178 Berlin-Mitte, Natur Art, Einkaufscenter Berlin-Carré / Alexanderplatz, Karl-Liebknecht-Straße 13, Tel.: 030 / 2 42 88 62; 10247 Berlin, Tee Krentzchen, Mainzer Str. 24, Tel.: 030 / 2 94 99 35; 10961 Berlin-Kreuzberg, Naturebox Naturkosmetik, Zossener Straße 32, Tel: 030 / 69 50 83 03, www.naturebox.de; 12099 Berlin, Reformhaus Gesund & Schön, Tempelhofer Damm 152, Tel.: 030 / 75 65 93 20; 12555 Berlin, Natur-Garten, Alt Köpenick 14, Kay Fabig, Tel.: 030 / 65 48 89 88, www.natur-garten.de; 13357 Berlin-Wedding, Kräuter Meyer, Gesundbrunnencenter, Badstraße 4, Tel.: 030 / 49 30 89 74; 15366 Hönow, Teevielfalt, Mahlsdorfer Straße 61 HEP, Tel.: 030 / 9 95 39 32; 15517 Fürstenwalde, Vital Center, Eisenbahnstraße 136, Tel.: 03361 / 69 34 44; 16303 Schwedt, OASEpur, Ringstraße 1, Tel: 0 33 32 / 83 88 20; 16321 Bernau, Gesundheitsinsel am Steintor, Berliner Straße 2, Tel.: 0 33 38 / 70 85 77, www.bernau.com/steintorapotheke; 18055 Rostock, Edda's Hoflädchen, Rostocker Hof, Tel.: 0 33 61 / 6 93 44; 18057 Rostock, Teekontor Rostock, Doberaner Straße 10–12, Tel.: 03 81 / 51 44 57; 18146 Rostock, Teestübchen Kelsch, Goorstorferstraße 50 (REAL), Tel.: 03 81 / 6 00 21 77; 18209 Bad Doberan, Edda's Teelädchen, Am Markt 14, Tel.: 03 82 03 / 1 64 59; 20095 Hamburg-Innenstadt, Vitapharm-Apotheke, Bergstr. 7, Tel.: 040 / 32 52 76 90; 20354 Hamburg, Teestation «Die gemütliche Teestube», Stephansplatz 10, Bankpassage, Tel.: 040 / 35 20 09; 21031 Hamburg-Bergedorf, Spinnrad Partner Schnelle, Alte Holstenstraße 30, Tel.: 040 / 7 21 46 97; 21073 Hamburg-Harburg, Arcaden Apotheke, Lüneburger Straße 45, Tel.: 040 / 30 09 21 21; 21493 Schwarzenbeck, Die Stadt Apotheke, Lauenburger Straße 10, Passage, Tel.: 0 41 51 / 33 13; 21502 Geesthacht, Buntenskamp Apotheke, Buntenskamp 5a, Tel.: 0 41 52 / 7 50 73, www.buntenskamp-apotheke.de; 21614 Buxtehude, Silber & Co., Stavenort 1, Tel.: 0 41 61 / 51 38 66; 21682 Stade, Delphin-Apotheke, Große Schmiedestraße 6, Tel.: 0 41 41 / 77 74 30; 22045 Hamburg-Jenfeld, Berliner Bär Apotheke, EKZ Berliner Platz / Dahlemer Ring 15, Tel.: 040 / 6 72 31 32, www.berliner-baer-hamburg.de; 22111 Hamburg-Billstedt, Kräuter Meyer, Billstedt Center, Tel.: 040 / 73 67 19 78; 22159 Hamburg-Farmsen, Center-Apotheke, Berner Heerweg 173–175, Tel.: 040 / 6 43 00 41; 22415 Hamburg, Apotheke am Langenhorner Markt, Langenhorner Markt 9, Einkaufszentrum, Tel.: 040 / 53 28 38 90, E-Mail: Apotheke-hh@t-online.de; 23552 Lübeck, Adler-Apotheke, Breite Str. 71, Tel.: 04 51 / 7 98 85 15, E-mail: adler-apotheke-luebeck@t-online.de; 23562 Lübeck-St.Jürgen, Reformhaus St. Jürgen, Ratzeburger Allee 27a, Tel.: 04 51 / 5 04 12 50; 23566 Lübeck-Buntekuh, Reformhaus im Citypark, Herrenholz 14, Tel.: 04 51 / 2 03 35 48; 23611 Bad Schwartau, Stadt-Apotheke Sanitätshaus, Lübecker Str. 18, Tel.: 04 51 / 2 92 50-11, E-Mail: stadt-apotheke@klindwort.de, www.klindwort.de; 23774 Heiligenhafen, Ostsee Tee Hus, Kirchenstraße 1, Tel.: 0 43 62 / 70 27; 23879 Mölln, Stadt-Apotheke, Am Bahnhof 2,

Tel.: 0 45 42 / 39 48, www.stadt-apotheke-moelln.de; 23966 Wismar, Teekontor Wismar, Altwismarstr. 24, Tel.: 0 38 41 / 21 33 20; 24217 Schönberg, De Teepott, Bahnhofstraße 17, Tel.: 0 43 44 / 62 13, www.ostsee-tee.de; 24534 Neumünster, Stadt-Apotheke, Großflecken 20, Tel.: 0 43 21 / 4 94 90, www.stadtapotheke-nms.de; 24768 Rendsburg, Eider Enten Apotheke, Friedrichstädter Straße 51, Tel.: 0 43 31 / 43 37 80; 24937 Flensburg, Delphin Apotheke, Südermarkt 12, Tel.: 0 46 11 / 5 04 00; 25746 Heide, tea & more in der Stadtbrücken-Apotheke, Hamburger Str. 26–28, Tel.: 04 81 / 8 77 80; 26209 Hatten-Sandhaus, Flora Apotheke, Bahnhofstraße 15, Tel.: 0 44 81 / 234; 26209 Sandkrug, Flora Apotheke, Bahnhofstraße 15, Tel.: 0 44 81 / 234; 26388 Wilhelmshaven, Spinnrad Partner Meitzler, Preußenstr. 46, Tel.: 0 44 21 / 80 60 40; 26721 Emden, 1-2-3 Geschenkartikel & mehr, Neutorstraße 36, Tel.: 0 49 21 / 94 23 91; 27578 Bremerhaven-Specken, Spinnrad Partner Buse, Langener Landstr. 271, Tel.: 04 71 / 80 52 19; 27749 Delmenhorst, Delme Tee Contor, Lange Straße 97, Tel.: 0 42 21 / 12 96 89; 28199 Bremen-Neustadt, Delme Tee Contor, Pappelstraße 99–101, Tel.: 04 21 / 50 14 31; 28203 Bremen-Steintor, Fach-Drogerie Blank, Vor dem Steintor 43, Tel.: 04 21 / 7 22 60; 28215 Bremen-Findorf, Lilje-Naturkosmetik, Hemmstr. 182, Tel.: 04 21 / 3 50 98 50; 30159 Hannover, Ernst August Apotheke, Bahnhofstraße 8, Tel.: 05 11 / 36 34 32; 30159 Hannover-City, S.B.S. Naturkosmetik, Georgstraße 7, Tel.: 05 11 / 7 00 08 15; 30161 Hannover-Nordstadt, Reformhaus Bertram, Lister Meile 46, Tel.: 05 11 / 31 93 13; 30519 Hannover, Naturprodukte Oasis, Abelmannstraße 8, Tel.: 05 11 / 4 73 51 02; 30823 Garbsen, Teehaus Schwarzer Drache, Havelser Straße 1 / EKZ Mitte, Tel.: 0 51 31 / 44 18 84; 31134 Hildesheim, Andreas Apotheke, Almstraße 3, Tel.: 0 51 21 / 9 17 60; 31655 Stadthagen, Aesculap-Apotheke, Enzer Str. 10, Tel.: 0 57 21 / 16 64, E-Mail: aesculap-apo@t-online.de, www.aesculap-apotheke-stadthagen.de; 31737 Rinteln, Engel-Apotheke seit 1619, Markt 15, Tel.: 0 57 57 / 4 20 60; 31785 Hameln, Reformhaus Bertram, Kleine Straße 25, Tel: 0 51 51 / 9 45 00; 32049 Herford, Hansa-Apotheke, Hansastraße 26, Tel.: 0 52 21 / 99 82 50; 32547 Bad Oeynhausen, Apotheke im Werrepark, Mindener Straße 24, Tel.: 05 73 / 1 10 57 25; 32756 Detmold, Tee & Krämerladen, Krumme Straße 56, Tel.: 0 52 31 / 3 18 04, www.ingrids-teeladen.de; 33098 Paderborn, Reformhaus Strauch (Seibel GmbH), Rosenstraße 17, Tel.: 0 52 51 / 2 10 01; 33154 Salzkotten, Sälzer-Apotheke, Lange Str. 23, Gertrud Schaefer, Tel.: 0 52 58 / 94 06 10, E-Mail: info@saelzerapotheke.de, www.saelzerapotheke.de; 33175 Bad Lippspringe, Reformhaus Strauch (Seibel GmbH), Arminiusstraße 10, Tel.: 0 52 52 / 69 62; 33602 Bielefeld-Zentrum, Teegarten, Marktpassage Bahnhofstraße 27a, Tel.: 05 21 / 13 90 15; 33758 Schloss Holte-Stukenbrock, Arminius Apotheke, Holter Straße 4, Tel.: 0 52 07 / 32 93; 34225 Baunatal, Neue Apotheke, H.-Nordhof-Straße 7, Tel.: 05 61 / 94 95 80; 34454 Arolsen, Akazien-Apotheke, Bahnhofstraße 16, Tel.: 0 56 91 / 20 74; 35037 Marburg, Schlossberg Apotheke, Universitätsstraße 5, Tel.: 0 64 21 / 2 34 43; 36043 Fulda, Florenberg Apotheke, Chattenstraße 26, Tel.: 06 61 / 9 42 93 00; 36381 Schlüchtern, Lotichius-Apotheke, Lotichiusstraße 46, Tel.: 0 66 61 / 9 62 10, www.lotichius-apotheke.de; 37073 Göttingen, Göttinger Reformhaus, Lange Geismar Straße 44, Tel.: 05 51 / 5 60 58; 37079 Göttingen, Reformhaus im Kaufpark, Otto-Brenner-Straße 1, Tel.: 05 51 / 5 60 58; 38226 Salzgitter Lebensted, Reformhaus Bertram, In den Blumentriften 1, Tel.: 0 53 41 / 4 33 24; 38440 Wolfsburg, Garias, Die natürliche Drogerie, Kaufhofpassage 8, Tel.: 0 53 61 / 65 55 00; 38640 Goslar, Reformhaus Bertram, Breite Straße 8, Tel.: 0 53 21 / 2 20 87; 38855 Wernigerode, Reformhaus Saaber, Ringstraße 31–37, Tel.: 0 39 43 / 60 33 00; 40227 Düsseldorf-Oberbilk, Schwanen-Apotheke, Kölner Straße 258, Tel.: 02 11 / 78 78 37, www.schwanen-apo.com; 40591 Düsseldorf-Wersten, Apotheke Dr. Herrmann, Kölner Landstraße 205, Tel.: 02 11 / 7 58 08 40, www.apotheke-dr-herrmann.de; 40597 Düsseldorf-Benrath, Spinnrad Partner Steioff, Hauptstraße 9, Tel.: 02 11 / 7 18 08 11; 41061 Mönchengladbach, Spinnrad Partner Steioff, Hindenburgstraße 12, Tel.: 0 21 61 / 56 79 60; 42853 Remscheid, Adler Apotheke / Herba Reformhaus, Alleestr. 11, Tel.: 0 21 91 / 92 30 26, E-Mail: ruepp@aar.de; 44649 Herne 2 (Wanne), Reformhaus Klaas (Seibel GmbH), Hauptstraße 261, Tel.: 0 23 25 / 7 39 96; 44795 Bochum, Alte Apotheke Weitmar, Hattinger Straße 334, Tel.: 02 34 / 43 14 21, www.alte-apotheke-bochum.de; 44869 Bochum, Bio S-Bahnhof, Höntroper Straße 48, Tel.: 0 23 27 / 5 22 77; 45127 Essen-City, Spinnrad & more, City-Center / Porscheplatz, Tel.: 02 09 / 94 78 40, www.the-trading-enterprise.com; 45276 Essen-Steele, Abaddon, Bochumer Straße 2–4, Tel.: 02 01 / 5 92 77 34; 45468 Mülheim / Ruhr, Reformhaus Seibel GmbH, Forum City am Hbf., Tel.: 02 08 / 38 53 74; 45657 Recklinghausen, Duftkännchen Ott, Reitzensteinstr. 50, Tel.: 0 23 61 / 1 62 16; 45699 Herten, Reformhaus Klaas (Seibel GmbH), Ewaldstraße 17, Tel.: 0 23 66 / 8 72 31; 45879 Gelsenkirchen-City, Rosen-Apotheke, Robert-Koch-Straße 2, Tel.: 02 09 / 2 21 04; 45881 Gelsenkirchen-Schalke, Spinnrad & more, Wilhelminenstraße 165–167, Tel.: 02 09 / 94 78 40, www.the-trading-enterprise.com; 46047 Oberhausen, Reformhaus Seibel GmbH, Centro EKZ, Tel.: 02 08 / 80 20 01; 46145 Oberhausen, Glocken Apotheke, Kantstraße 17, Am kleinen Markt, Tel.: 02 08 / 66 94 14; 46236 Bottrop, Pinguin Apotheke, Osterfelder Straße 15, Tel.: 0 20 41 / 2 88 92; 46397 Bocholt, Reformhaus Feldmann, Königstraße 6, Tel.: 0 28 71 / 22 61 75; 47167 Duisburg-Neumühl, Alpha Apotheke, Lehrerstraße 5, Tel.: 02 03 / 9 94 85 10; 47495 Rheinberg, Römer Apotheke, Bahnhofstraße 35, Tel.: 0 28 43 / 61 16; 47495 Rheinberg, Römer Apotheke, Römerstraße 16, Tel.: 0 28 43 / 61 16; 48143 Münster, Mocca-Haus Fritz, Aegidiistraße 54, Tel.: 0251/4844683; 48143 Münster, Spinnrad Partner Fritz, Rothenburg 53, Thomas Bzowka, Tel.: 02 51 / 4 60 94, 48231 Warendorf, Spinnrad Partner Koschorreck, Ostwall 41, Tel.: 0 25 81 / 78 77 89; 49565 Bramsche, Das Kunst-Stückchen, Große Straße 33, Tel.: 0 54 61 / 88 06 88, E-Mail: heikelienert@gmx.de; 49661 Cloppenburg,

Königs-Apotheke, Mühlenstr. 2, Tel.: 0 44 71 / 21 59, E-Mail: info@koenigs-apotheke.com, www.koenigs-apotheke.com; 50259 Pulheim-Stommeln, Das Stommelner Gesundhaus Adler Apotheke & Refor, Josef-Gladbach-Platz 8, Tel.: 0 22 38 / 20 23; 50354 Hürth, Rosen-Apotheke, Kaulardstr. 44, Tel.: 0 22 33 / 96 52 52, E-Mail: info@rosenapotheke-huerth.de, www.rosenapotheke-huerth.de; 50667 Köln, Naturprodukt24.com, Breitestr. 80 – 90, Tel.: 02 21 / 85 11 07, E-Mail: emmillia@gmx.de, www.naturprodukt24.com; 50678 Köln, Severin Apotheke, Severin Straße 45, Tel.: 02 21 / 31 31 85; 51143 Köln, Margot's Bioecke, Wilhelmstraße, Tel.: 0 22 03 / 5 52 42; 52349 Düren, Spinnrad Partner Härrig, Josef Schregel Straße 48, Tel.: 0 24 21 / 1 00 82; 52477 Alsdorf, Anna-Apotheke, Bahnhofstraße 59, Tel.: 0 24 04 / 9 06 10, www.anna-apotheke.com; 53173 Bonn, Alte Apotheke, Koblenzer Str. 58, Stefan Fröling, Tel.: 02 28 / 35 30 01, E-Mail: info@alte-apotheke.com, www.alte-apotheke.com; 53757 St. Augustin, Süd-Apotheke, Südstr.33, Tel.: 0 22 41 / 20 20 23; 53840 Troisdorf, Bioshop, Kölner Straße 36a, Tel.: 0 22 41 / 97 80 91; 54290 Trier, Vier-Länder-Apotheke, Brotstraße 45, Tel.: 06 51 / 4 49 09; 54292 Trier, Christophorus Apotheke, Theodor-Heuss-Allee 18, Tel.: 06 51 / 2 58 16; 54516 Wittlich, Minotaurus Tee & Naturwaren, Himmeroder Straße 9 – 11, Tel.: 0 65 71 / 9 62 73, www.spin-nature.de; 55116 Mainz, Apotheke am Brand, Am Brand 28, Dr. rer. md. K. Albers, Tel.: 06131/23 18 19, E-Mail: dr.klaus.albers@t-online.de, www.apotheke-am-brand.de; 55116 Mainz-City, Schiller-Apotheke, Emmeranstraße 3, Tel.: 0 61 31 / 22 51 47; 55128 Mainz, Center Apotheke im Gutenbergcenter, Essenheimer Str. 222, Tel.: 0 61 31 / 1 40 76 66; 56068 Koblenz, Schloss-Apotheke, Schlossstraße 17, Tel.: 02 61 / 1 84 30; 56170 Bendorf, Center-Apotheke, Hauptstraße 125, Tel.: 0 26 22 / 90 33 77, www.center-apotheke-bendorf.de; 59555 Lippstadt, Röss'l-Apotheke, Lange Straße 56, Tel.: 0 29 41 / 42 07; 59597 Erwitte, Adler Apotheke, Hellweg 9b, Tel.: 0 29 43 / 4 93 20; 63739 Aschaffenburg, Die Teestube, Treibgasse 10, Tel.: 0 60 21 / 2 67 95; 63739 Aschaffenburg, Die Teestube, Sandgasse 29, Tel.: 0 60 21 / 2 67 95; 65185 Wiesbaden, Bettinas Kramladen, Körnerstraße 6; 65929 Frankfurt-Höchst, TEE-FEE, Emmerich-Josef-Straße 31, Tel.: 069 / 36 00 79 79; 66117 Saarbrücken, Bellevue-Apotheke, Metzer Straße 102, Tel.: 06 81 / 5 65 82; 66386 St. Ingbert, Die Tee-Liebe, Pfarrgasse 2, Tel.: 0 68 94 / 3 40 34; 66424 Homburg / Saar, Ringelblume Naturfeinkost, Saarbrücker Straße 5, Tel.: 0 68 41 / 6 45 94; 66440 Blieskastel, Die Tee-Liebe, Kardinal-Wendel-Straße 51, Tel.: 0 68 42 / 50 76 03; 66540 Neunkirchen-Wiebelskirchen, Glück-auf-Apotheke, Kuchenbergerstr. 29, Tel.: 0 68 21 / 5 78 80; 66606 St. Wendel, Luisen-Apotheke, Bahnhofstraße 18, Tel.: 0 68 51 / 31 27; 67065 Ludwigshafen-Gartenstadt, Kreuz-Apotheke, Maudacherstraße 201, Tel.: 06 21 / 55 21 52; 67067 Ludwigshafen-Maudach, Barbara-Apotheke, Silger Straße 7, Tel.: 06 21 / 55 14 40; 67071 Ludwigshafen-Oggersheim, Ritter Apotheke, Dürkheimer Straße 30, Tel.: 06 21 / 67 65 13; 67098 Bad Dürkheim, Löwen-Apotheke, Stadtplatz 9, Tel.: 0 63 22 / 80 01, www.loewenapotheke-duew.de; 67136 Fussgönheim, Schloss-Apotheke, Bahnhofstr. 8, Tel.: 0 62 37 / 9 77 20, E-Mail: schlossapotheke-fussgoenheim@t-online.de, www.apotheke-fussgoenheim.de; 67433 Neustadt, Stern-Apotheke, Hauptstr. 82, Tel.: 0 63 21 / 23 67, www.stern-apotheke-neustadt.de; 67655 Kaiserslautern, Potpourri, Pirmasenser Straße 8, Tel.: 06 31 / 4 14 90 45; 67716 Heltersberg, Holzland-Apotheke, Hauptstr. 44, Tel.: 0 63 33 / 9 91 60, E-Mail: holzlandapotheke@ad.com; 68259 Mannheim, Drogerie Wagenhals-Freyburger, Hauptstraße 23, Tel.: 06 21 / 79 17 54; 69117 Heidelberg, Teemeister Tan, Hauptstraße 24, Tel.: 0 71 31 / 8 40 13; 70806 Kornwestheim, Stern Apotheke, Bahnhofstraße 2 – 6, Tel.: 0 71 54 / 2 92 52; 71034 Böblingen, Apotheke Hulb, Otto-Lilienthal-Straße 24, Tel.: Tel. 0 70 31 / 46 93 17; 71634 Ludwigsburg, Spinnrad Partner Baccar, Holzmarkt 2, Tel.: 0 71 41 / 6 43 41 14; 73430 Aalen, Aalener Teeladen, Mittelbachstraße 20, Tel.: 0 71 71 / 3 97 78; 74072 Heilbronn, Heilbronner Teeladen, Kirchbrunnenstraße 11, Tel.: 0 71 31 / 8 40 13; 76133 Karlsruhe, Janssen Kaffee und Tee, Kaiserstraße 38, Tel.: 07 21 / 37 84 84; 76297 Stutensee, Tee und Service, Hindenburgstr. 52, Tel.: 0 72 49 / 599; 76829 Landau, Engel Apotheke, Marktstraße 90, Tel.: 0 63 41 / 8 66 61; 76863 Herxheim, Alte Apotheke von 1837, Obere Hauptstraße 1, Tel.: 0 72 76 / 85 78; 76887 Bad Bergzabern, Markt Apotheke, Marktstraße 22, Tel.: 0 63 43 / 9 35 50; 83022 Rosenheim, Spinnrad Partner Kempf, Stadtcenter Kufsteiner Straße; 83278 Traunstein, Spinnrad Partner Kempf, Maximilianstraße 33, Tel.: 08 61 / 6 95 06; 88074 Meckenbeuren, Die grüne Schiene, Am Bahnhofsplatz 16, Tel.: 0 75 42 / 91 25 70; 88326 Aulendorf, Inspiration, Kornhausstraße 1, Tel.: 0 75 25 / 91 31 00; 89520 Heidenheim, Silvi's Lädle, Würzburger Straße 21, Tel.: 0 73 21 / 6 54 40; 91541 Rothenburg, Rothenburger Projektschmiede e.V., Schlachthofstr. 37c, Tel.: 0 98 61 / 93 51 33, www.projektschmiede.org; 92237 Sulzbach-Rosenberg, St. Anna-Apotheke, Rosenberger Straße 31, Tel.: 0 96 61 / 40 65, www.stanna-apotheke.de; 95028 Hof, Alraune,Marienstraße 52, Tel.: 0 92 81 / 1 62 53; 96215 Lichtenfels, Rats-Apotheke, Innere Bamberger Str. 6 – 8, Tel.: 0 95 71 / 25 44, E-Mail: kontakt@ratsapotheke-lichtenfels.de, www.ratsapotheke-lichtenfels.de; 97421 Schweinfurt, Spinnrad Partner Riedl, Lange Zehnstraße 20, Tel.: 0 97 21 / 53 35 24; 99084 Erfurt, Apollo Vital, Anger 2, im Karstadt Sporthaus, Tel.: 03 61 / 24 11 66; 99084 Erfurt, Apollo Apotheke, Juri-Gagarin-Straße 94, Tel.: 03 61 / 24 11 66.

In der Schweiz:
Interwega Handels GmbH DORF-LÄDELI, CH-8863 Buttikon, Kantonsstr. 49, Postfach 125, Tel. 055 / 4 44 18 54. *DROGERIE IM DREIANGEL, CH-3552 Bärau, Băraustr. 45, Tel./Fax 034/ 4 02 15 65. *INTERWEGA Handels GmbH, CH-8863 Buttikon, Kantonsstr. 49, Tel. 055 / 4 44 18 54, Fax 055 / 4 44 24 77.

In Österreich:
*ART OF BEAUTY, A–4600 Wels, Dr.-Salzmannstr. 8–10, Tel./Fax 0 72 42 / 5 72 26, E-Mail: veronika@art-of-beauty.at. *CREATIV-COSMETIK, A–5020 Salzburg, Ganshofstr. 8, Tel. 06 62 / 84 88 02, Fax 06 62 / 84 88 03.

Die mit * gekennzeichneten Firmen betreiben auch Versandhandel.

Einige Substanzen erhalten Sie auch in Reformhäusern, Drogerien, Apotheken, Bioläden und Lebensmittelläden. Vergleichen Sie die Preise!

Hinweis:
Autoren und Verlag bemühen sich, in diesem Verzeichnis nur Firmen zu nennen, die hinsichtlich der Substanzen und Preise zuverlässig und günstig sind. Trotzdem kann eine Gewährleistung von Autoren und Verlag nicht übernommen werden. Irgendwelche Formen von gesellschaftsrechtlicher Verbindung, Beteiligung und/oder Abhängigkeit zwischen Autoren und Verlag einerseits und den hier aufgeführten Firmen andererseits existieren nicht.

Weitere Titel aus der Hobbythek-Reihe:

Jean Pütz/Monika Kirschner
Lebenselixiere aus Indien
Ayurveda
ISBN 3-8025-6221-6

Jean Pütz/Sabine Fricke/
Monika Pohl
Besser Schlafen
Sanfte Wege zu einer
erholsamen Nacht
ISBN 3-8025-6222-4

Jean Pütz/Dr. Heinz Gollhardt
Das Wissen der Hobbythek von A–Z
ISBN 3-8025-6226-7

Jean Pütz/Prof. Jan I. Kelly
Lebenselixier Pilze
ISBN 3-8025-6224-0

Jean Pütz/Ellen Norten
Mund, Nase & Ohren
ISBN 3-8025-6223-2

Jean Pütz/Monika Kirschner
Lebenselixiere aus
Deutschland
Wilde Pflanzen
ISBN 3-8025-6228-3

Jean Pütz/Sabine Fricke/
Ellen Norten
Liebeslust und Liebesleid
Intimbereich ohne Tabus
ISBN 3-8025-6227-5

Jean Pütz/Sabine Fricke/
Horst Minge/Götz Meißner
Gesunder Rücken
ISBN 3-8025-6229-1

Jean Pütz/Ellen Norten
Jpghurt, Quark und Käse
Für ein starkes Immunsystem
ISBN 3-8025-6213-5

konkret, praktisch und aktuell